LA LETTERATURA INESISTENTE

Sara Gavioli

© 2021 **Sara Gavioli**
Prima edizione: maggio 2021

IMMAGINE DI COPERTINA: © **FRAN_KIE**, BY SHUTTERSTOCK
PROGETTO GRAFICO: SARA GAVIOLI

ISBN 9798734470381

WWW.GAVIOLISARA.IT

1

IL SOLITO FALÒ

D a bravo aspirante, avrai letto numerosi manuali di scrittura creativa. Se lo hai fatto, conoscerai già l'immagine classica e forse un po' abusata che descrive l'origine delle storie: **un uomo primitivo, davanti al fuoco con i suoi compagni, si mette in piedi e inizia a raccontare**. Quel narratore originario è il nostro eroe; è stato il primo ad attirare l'attenzione dei suoi simili grazie a un racconto.

Anche ciò che lo riguarda, in fondo, è una storia, e noi umani sembriamo essere molto interessati alle narrazioni. In realtà non abbiamo idea di come tutto abbia avuto inizio; non sappiamo se davvero un nostro antenato brillante si sia lanciato nell'impresa da un giorno all'altro. Sarebbe più credibile immaginare un processo graduale: quell'omino coraggioso partì forse da resoconti di caccia, per poi abbellirli con dettagli di finzione.

Abbiamo ancora non poche difficoltà nel definire l'origine del linguaggio stesso. Su questo tema, gli intellettuali di tutti i tempi hanno affrontato infiniti dibattiti. Ciò non toglie che il nostro modo di esprimerci sia particolare; il buon vecchio Cartesio, per esempio, sottolineava che l'uso della parola in maniera creativa sia la dimostrazione dell'esistenza di una mente umana, distinta da quella di altre forme viventi. Qualcuno potrebbe avere da ridire (e anche la mia gatta, Nami, usa spesso la voce in modi molto creativi), ma nessun animale si esprime come facciamo noi. Una formica non può creare un linguaggio paragonabile a quello umano, e non perché sia pigra; semplicemente, non possiede gli strumenti adatti.

Funzioniamo così anche quando rimaniamo in silenzio. Il pensiero è una comunicazione privata che portiamo avanti con noi stessi, in genere usando la forma verbale, come se la nostra mente fosse sempre alla ricerca di senso e di parole.

Dovremmo essere fieri e consapevoli dei nostri privilegi; se fossimo nati formiche, non avremmo mai avuto l'opportunità di metterci in piedi davanti al fuoco, per provare a intrattenere i nostri simili. Se fossimo Nami, di certo intratterremmo parecchio gli umani con vocalizzi creativi, ma (e non ditelo a lei, o potrebbe offendersi) ci mancherebbe l'ingrediente segreto, o comunque ne avremmo meno rispetto a quelle strane scimmie intelligenti: la creatività.

1.1 – IL SACRO FUOCO ARDENTE

Gli aspiranti autori amano l'arte, o meglio ne amano l'idea. Che abbiano già scritto qualcosa o che stiano solo desiderando di farlo, nutrono un certo rispetto per l'influenza delle Muse. Come dicevo, tutti gli esseri umani adorano le narrazioni: abbiamo inventato anche una personificazione dell'ispirazione creativa, perché, a differenza di Nami, potevamo farlo. Vi siete mai chiesti, però, come funziona quella forza misteriosa che ci spinge a creare? Come sarà successo, insomma, che a quell'omino di fronte al falò sia venuto in mente di inserire dettagli inventati nei suoi racconti?

La creatività umana è un bel mistero. Siamo partiti da un'esigenza (creare il linguaggio per comunicare e aumentare così le nostre probabilità di sopravvivere) ed eccoci qui a sognare di inventare storie per guadagnarci il pane.

Rifacendoci alla retorica **potremmo citare l'inventio, cioè il passo iniziale nello sviluppo di un'orazione, il processo del pensiero che porta alla ricerca degli argomenti da trattare; più che creati dal nulla vengono scoperti, come reliquie.** Se ci concediamo un salto non indifferente, potremo pensare a Michelangelo: lo scultore sosteneva che le statue esistessero già nella pietra e che il suo compito fosse di liberarle, quindi di trovarle e dar loro luce. Il ruolo dell'artista sarebbe di ritrovare l'opera e tirarla fuori dal contorno che la nasconde. Vedendola così non facciamo fatica ad accettare le Muse, che discendono sugli uomini prescelti per rivelare la verità.

Il termine "ispirazione" indica l'azione di un ente soprannaturale, che si manifesta a uomini già predisposti. Omero ed Esiodo parlavano del respiro divino ricevuto dalle Sibille, che portava alle profezie. Il momento di contatto con le Muse conduceva all'estasi e rendeva possibile il superamento dei limiti fisici.

Nel periodo del *Dolce Stil Novo* l'ispirazione venne attribuita alle donne amate, idealizzate in forma angelica, mentre per i romantici veniva dal "genio", una divinità interiore che sussurrava nell'orecchio del poeta. Con la nascita e lo sviluppo della psicologia, poi, si iniziò a vederla più che altro come connessione tra idee.

Che abbia origini metafisiche o semplicemente neurologiche, la creatività ci affascina e ci incuriosisce. **La forza che permette la creazione del nuovo suscita in noi tanti interrogativi. Si tratta di una dote innata, oppure è possibile insegnarla?** È collegata all'intelligenza (e dovremmo chiederci come trovare una definizione oggettiva per "intelligenza") o alle esperienze e all'educazione?

Le domande qui tratteggiate hanno trovato molte risposte, diverse, nel corso dei secoli e della storia, ma una cosa è certa: in quanto umani, siamo tutti in grado di raccontare delle storie. Il problema è un altro: saremo in grado di raccontare delle storie che siano *belle*?

Definire il "bello" non è semplice e quale sia il fine dell'arte è un dibattito sempre aperto. I più romantici vedono l'espressione artistica come atto spontaneo, esternazione di un'anima malinconica e viva; gli imprenditori, invece, tendono a collegarla al mercato e al *target*. Del resto, chi vorrebbe essere un artista mai ascoltato da nessuno?

Se poi parliamo di letteratura, ci viene subito in mente il fine pedagogico. Tutto ciò che abbiamo costruito nei secoli è legato alla nostra capacità di comunicare con le generazioni future, lasciando loro un patrimonio prezioso di conoscenza, filosofia e sapere.

Grazie alle storie non riceviamo soltanto istruzioni fredde e tecniche, bensì esperienze da vivere. Tramite una sorta di simulazione, che esula dal nostro immaginario come singoli individui, acquisiamo nuovi strumenti per fronteggiare il mondo.

Anche su questo, non tutti sono d'accordo. C'è chi attribuisce all'arte un fine ludico, di intrattenimento e leggerezza; chi sottolinea che una visione moralistica sia deleteria e classista; e così via.

Avrete senza dubbio una risposta personale, ma il cammino verso la conoscenza parte proprio dal porsi delle domande. Riflettere su cosa sia per voi l'espressione artistica è il primo, fondamentale passo da compiere.

1.2 – LA BELLEZZA DI UN ORECCHIO

Come Sartre ha scritto in passato, lo scrittore ha lo scopo di svelare il mondo agli altri uomini, in modo che tutti se ne assumano la responsabilità. Deve veicolare un messaggio, rendendolo interessante grazie alla bellezza dello stile. Lo fa perché spinto dal bisogno di sentirsi necessario, dunque per esigenze molto personali, ma l'opera ha valore se è il risultato dello sforzo congiunto di autore e lettore. **L'artista non può rimanere da solo**: deve affidare ad altri il compito di rendere compiuta la sua opera.

Il lettore ha un ruolo attivo e ciò crea per lo scrittore un'esigenza: quella di farsi leggere, di dare il via al processo di comunicazione, di incontrare altri occhi. A volte saprà farlo senza sforzo, ma questa capacità non sempre emerge come per magia; occorre coltivarla. Non mi riferisco alle potenzialità meramente commerciali di un'opera, ma proprio all'insieme delle qualità che permettono di raggiungere il pubblico e catturarlo.

Il lettore, come diceva il caro Giorgio Manganelli, diventa nell'atto del leggere "attore di se stesso personaggio che legge". Interpretando le pagine, i personaggi e l'intreccio costruiti dall'autore, darà senso all'opera usando il proprio vissuto e la propria emotività, aggiungendo ingredienti al lavoro di chi ha scritto.

Quello di "farsi leggere" è compito di chi scrive. Sarà poi sostenuto dalle figure che lo sceglieranno (l'editore, l'agente letterario), lo aiuteranno nel lavoro (l'editor, il correttore di bozze) e faranno parlare di lui (l'ufficio stampa), ma la base dovrà produrla da solo.

Molto spesso, è proprio la carenza di quella base a far crollare tutto il resto. Se lavorare come scrittori richiede un certo narcisismo, è vero che non accettare la necessità di un pubblico rischia di condurci sulla via sbagliata: quella solitaria e triste dell'insuccesso.

Calvino fa dire a Silas Flannery, romanziere personaggio di *Se una notte d'inverno un viaggiatore*, che dai lettori si aspetta di scoprire qualcosa di sconosciuto a lui stesso, riguardo le sue opere. Se pensate che questo non potrebbe mai capitarvi, pensateci ancora. **L'importanza del lettore non si esaurisce nella soddisfazione dell'ego di un autore, ma è parte integrante della narrazione.**

Leggendo una parola, come per esempio "gatto", ci è subito

chiaro a cosa essa si riferisca. Grazie all'esperienza sappiamo benissimo cosa sia un gatto e possiamo immaginarne uno, anzi, creiamo nel nostro cervello un'immagine vivida di questo splendido animale da compagnia. Se però intendo parlare di un gatto specifico, come può essere Nami, in che modo posso far pensare a lei se chi mi ascolta non l'ha mai incontrata? Dovrò prodigarmi nel "rendere l'idea": parlerò di cosa la rende quel gatto specifico, magari dello strano modo che ha di miagolare o del suo pelo bianco con sfumature color cappuccino e grigio chiaro; riferirò che ha due grandi occhioni azzurri, che conserva l'indole di una cucciola nonostante abbia ormai superato i quattordici anni d'età, o della sua tendenza a cadere persino da ferma. Per elencare quel che la riguarda userò il linguaggio e ciò permetterà di tradurre dei simboli, cioè parole, in pensieri relativi all'esperienza.

Perché questo meccanismo vada a buon fine, dobbiamo condividere qualcosa: non solo la lingua in cui ci esprimiamo, ma anche dei concetti di base (sai com'è qualcosa di soffice? Possiedi l'idea di un essere goffo ma che suscita tenerezza? Sei in grado di immaginare un miagolio di tonalità alta, continuo e amorevolmente fastidioso?). Nonostante questo, l'esperienza soggettiva di un'altra persona sarà per forza differente dalla mia.

In un certo senso, ogni cervello parla in una sua lingua madre unica e irripetibile, ma soprattutto privata. Io, da autrice, traduco il mio linguaggio privato in una serie di simboli; voi, da lettori, vi occuperete di tradurre quei simboli nel vostro linguaggio, diverso dal mio, per capirli e possederli. Il risultato, come in qualsiasi traduzione, non sarà esatto ma rimarrà approssimato. Da lettori, costruirete versioni di Nami che non sono più la mia. L'atto creativo sarà condiviso, perché non avreste potuto giungere a una versione di quel gatto specifico senza di me, ma sarà ognuno di voi a compiere l'ultimo passo.

Capirete quindi che senza un lettore disposto ad ascoltare non

andrete più lontano di Nami quando si mette in testa di cammi-
nare sul soffitto (sì, ogni tanto ci prova, anche se non ho ancora
capito cosa vorrebbe ottenere).

1.3 – Un mondo zeppo di voci

Tutti gli aspiranti autori, prima o poi, hanno pronunciato la frase
che ogni editor, editore o agente letterario teme: "Io scrivo per me
stesso".

Dietro questa esigenza di ribadire la propria libertà intellettuale
si celano sentimenti contraddittori. Scriviamo per essere letti, senza dubbio, ma nello stesso tempo ripudiamo con sdegno la necessità del guadagno commerciale, dell'approvazione di un pubblico
volgare e lontano dagli alti fini della letteratura; ancora, pretendia-
mo riconoscimento, spazio nei cataloghi degli imprenditori. Come
risolvere questa dicotomia tra arte e pubblico?

Nel corso del Novecento, la questione della "letterarietà" dei
testi è stata in voga. In particolare, gli intellettuali si sono domandati se esista una qualità specifica che renda un testo inequivoca-
bilmente letterario e cosa la definizione indichi davvero. Di ciò si
è occupato il formalismo russo, nel tentativo di ricondurre l'analisi
del testo a teoria scientifica, così come lo strutturalismo, poi messo
in dubbio dal post-strutturalismo.

Il mondo della critica letteraria, purtroppo, è spesso ignoto agli
aspiranti scrittori. Questo è un peccato, perché informarsi al riguardo permette di comprendere come l'analisi dei testi sia cam-
biata.

Già ai tempi di Platone e Aristotele si parlava della "poetica", con-
sistente più che altro nella descrizione delle opere, e già allora esisteva
il dibattito fra scrittura "alta" e arzigogolata e quella d'intrattenimento.

Se fino al Seicento i critici scrivevano commenti o trattati rivolti ai lettori colti, dal Settecento emerse la figura del critico militante. Questi, autorevole ma non sempre inserito nel mondo accademico, favoriva i movimenti artistici d'avanguardia, cioè sperimentali e innovativi. Il periodo romantico fu la culla dei critici non-specialisti, esperti di filosofia o estetica, ma a ciò seguì il movimento positivista e quindi una ricerca di criteri scientifici anche nell'interpretazione dei testi.

Negli anni '70 del Novecento, gli studi letterari hanno subito una decrescita d'importanza nel sentire comune. I toni altamente specializzati e accademici hanno finito per contrapporsi alla realtà editoriale, sempre più indirizzata al *bestseller* in barba al giudizio dei colti.

Potremmo pensare che ciò sia un male assoluto, ma non tutti concordano: è il caso di Brian Reynolds Myers, giornalista e professore americano, editor della famosa testata *The Atlantic* e opinionista del *New York Times* e del *Wall Street Journal*. Nel 2001, un testo di Myers fu pubblicato sul *The Atlantic Monthly*, per poi uscire in forma estesa come libro a sé l'anno successivo. Il titolo era: *A Reader's Manifesto*. La sua pubblicazione suscitò scalpore perché Myers, senza remore, accusava l'editoria e la critica di aver dimenticato cosa fosse la letteratura. I romanzi di genere, a suo dire, non appaiono mai sulle pagine dei giornali e non vengono considerati "letterari", perché a esserlo sono storie inutilmente complicate, nelle quali manca quasi del tutto ogni parvenza di azione, che vengono riconosciute come "intellettuali" da chi si è autodefinito l'autorità del campo. Cita nomi di autori (fra cui Stephen King) ignorati dalla critica ufficiale perché, appunto, "di genere", come se la narrativa poco pretenziosa e che si avvicini effettivamente al lettore non fosse di valore.

Myers procede nell'accusa a una "élite culturale", che vorrebbe convincerci a fingere di apprezzare la scrittura considerata letteraria nonostante sia vuota, e che insiste nel considerare sciocco chi non la gradisca a priori. Invita dunque i lettori a sollevarsi contro l'*establishment* letterario, per recuperare quella dimensione ludica e piacevole che il mondo delle lettere potrebbe offrire. Secondo lui, il popolo legge meno perché quella élite culturale presenta sempre gli stessi tipi di libri, scoraggiando le persone e spingendole a vergognarsi di non amare testi presentati come stupendi. I lettori che invece comprano e dicono di apprezzare gli autori letterari più famosi (quelli che vincono premi su premi, tra l'altro) si sentono migliori della massa, e così continuano a consumare pseudo-letteratura per elevarsi dalla folla di lettori comuni. Insomma, Myers denuncia una forma di snobismo culturale di cui in molti si lamentano da decenni.

La sua posizione è di certo un po' estrema, però sarebbe impossibile negarne i punti di base. La retorica superficiale che riguarda la lettura e la scelta degli autori esiste, così come la tendenza a ritenere letterario qualsiasi testo di difficile comprensione o di scarso valore commerciale. Nel mondo dell'editoria italiana odierna, poi, lo scollamento fra i romanzi letterari (la famosa *literary fiction*) e quelli che il pubblico in effetti legge è evidente, un po' come se ottenere scarse vendite fosse una medaglia al valore della storia.

La fiction speculativa, cioè quella fantastica in generale, non viene ritenuta abbastanza interessante da partecipare al dibattito della critica, non è ammessa ai concorsi principali e quasi mai viene recensita su testate autorevoli. Pare esistere una divisione netta fra letteratura "vera" e storie di bassa lega, insomma, nonostante ciò non abbia alcun fondamento reale: molte storie realistiche hanno ben poco di letterario, e molti romanzi fantastici sono interessanti, innovativi e davvero significativi per il percorso culturale umano.

Personalmente non condivido l'atteggiamento rabbioso nei confronti della narrativa "letteraria"; ritengo che ogni storia, al di là del genere (o della sua assenza) possa avere un valore. L'astio andrebbe ridimensionato: la *letterarietà*, che indicava lo stile ricercato e la presenza di temi e simboli, non è da sola garanzia di nulla, e non porta in automatico alla noia; le strutture dei generi non costringono per forza alla superficialità, così come non bastano alla creazione di una storia significativa. Insomma, non concordo con chi detesta la narrativa letteraria a priori e neppure con chi odia quella di genere. Questo rimane però il mio punto di vista e fra chi scrive o legge è in corso un'eterna guerra sull'argomento.

Il discorso ribelle di Myers non ha avuto grandi conseguenze, e vent'anni dopo siamo qui a ripetere gli stessi concetti. I lettori, effettivamente, tendono a seguire le mode e ad accettare le proposte che l'editoria seleziona e spinge nelle librerie. La critica esiste ancora, anche se quasi più nessuno ha idea di cosa faccia e della sua utilità. Gli editori, in particolare quelli italiani, portano avanti una mentalità antica e finalizzata alla ripetizione di azioni consolidate, con poco interesse nei confronti del cambiamento. Saranno autori e lettori del futuro a determinare come andrà a finire.

Voler diventare scrittori, dunque, è un'impresa ben più complessa della semplice soddisfazione di un ego. Anche volendo rimanere estranei al mondo delle accademie e dei dibattiti, **l'autore deve inserirsi in un contesto che non accetta di farlo entrare come individuo isolato**. Abbiamo un'immensa tradizione alle spalle, in quanto umani; sarebbe il caso di darle un'occhiata, prima di sentirci così speciali da essere scelti dalle Muse.

1.4 – L'ORIGINE DELLE STORIE

La letteratura più antica sembra essere quella sumerica: ad Abu Salabikh, centro della Mesopotamia meridionale, sono state ritrovate tavolette che narrano di mitologia, risalenti circa al 2600 a.C.

I sumeri non davano peso al concetto di autore: si preoccupavano di ordinare le tavolette in raccolte, o di specificare chi fosse il committente, ma non veniva indicato chi le avesse realizzate. La particolarità degli scritti mitologici è proprio il loro contenuto: gli altri ritrovamenti consistono in testi amministrativi e giuridici o veri e propri vocabolari. Quelli più interessanti per il tema che stiamo affrontando sono però degli inni, in cui le divinità prendono spesso la parola, e appunto quelli mitologici, che sono vere e proprie narrazioni. Si parla di come fosse il mondo prima della separazione tra cielo e terra, della creazione del genere umano, del dono che le divinità fanno agli uomini perché la loro civiltà progredisca, ovvero agricoltura e regalità; delle lotte tra divinità e dei viaggi degli dei. In particolare risulta notevole il *Ciclo epico di Uruk*, poi ripreso in epoca babilonese per comporre l'*Epopea di Gilgamesh*.

Le prime storie appartengono alla letteratura fantastica e d'avventura, partendo da Gilgamesh e passando da Iliade, Odissea ed Eneide. Dobbiamo però considerare che a rimanere, di quel lontano passato, sono quelle in forma scritta. La scrittura è emersa con l'evolversi della civiltà, ma da sempre gli esseri umani tramandavano oralmente miti e leggende; la forma poetica, caratterizzata da ritmo, rima e metrica, favoriva proprio la memorizzazione. Quando abbiamo iniziato a scrivere eravamo già abituati a dover ricordare le storie, dunque non sorprende che il poema epico sia una delle prime forme usate per raccontare.

Il concetto di "autore" sembra risalire circa al 2340 a.C., quando in Mesopotamia circolava il primo *bestseller* della storia: si trattava dei poemi di Enheduanna, una sacerdotessa che usava la scrittura cuneiforme per raccontare la sua vita. L'opera relativa all'esilio che le era stato imposto ebbe già allora una risonanza notevole, tanto da venire ricopiata diverse volte, tramandata e studiata per centinaia di anni. L'originalità della scrittura di quella principessa particolare veniva anche dal suo inserire dettagli emotivi e privati: non si trattava più soltanto di preghiera, di invocazione alle divinità, ma di sentimenti e vissuti personali, che appassionavano i lettori. Enheduanna viene ricordata come madre della poesia, ma il suo ruolo comprende anche il mestiere stesso dello scrittore come cantastorie, che trasmette cultura e intanto commuove.

Sebbene le donne non siano state incluse del tutto nella storia della letteratura, in Europa è noto il nome di Christine de Pizan, prima scrittrice "di professione" del continente. Fra il 300 e il 400, Christine produsse numerosi volumi molto apprezzati dalla nobiltà del suo tempo, guadagnandosi così una vita agiata. Era anche poetessa e filosofa e aveva origini italiane: il nome di nascita era Cristina da Pizzano, ma a causa del padre era finita a vivere in Francia e aveva così adattato la sua firma. Il libro *Città delle Dame*, in cui rifletteva sul ruolo delle donne nella società, viene oggi considerato un esempio di scrittura protofemminista. Vi si trovano idee davvero interessanti, se consideriamo l'epoca in cui fu scritto; per esempio, si parla dell'educazione femminile e di come una vita fra le mura domestiche impedisca di vedere il mondo e farne parte. L'inferiorità del "sesso debole", dice Christine, è dunque culturale e non naturale. A noi sembra ovvio, ma che una donna di quel periodo pubblicasse testi simili non è scontato e mette in dubbio l'idea forse un po' ingenua che abbiamo del Medioevo.

Nel periodo medioevale, in effetti, a scrivere erano più che altro i frati, anche se il loro concetto di "pubblicazione" era diverso dal nostro. Salimbene, frate francescano di Parma, ci ha lasciato la *Cronica*, un testo eccezionale in un'unica copia, fonte inestimabile di fatti storici del XIII secolo. Lì, il frate si dice sorpreso nello scoprire che un altro frate abbia scelto di "pubblicare" i suoi scritti, cioè di diffonderli, renderli pubblici. Si usava far leggere ai propri cari, alla famiglia o agli intellettuali, insomma, però in privato, senza troppa pubblicità. Era un modo di scrivere diverso, più intimo, finalizzato alla conservazione di informazioni e all'immortalità della penna, ma meno a un successo tangibile.

Il genere *fantasy* trova le sue origini in una letteratura "alta", che parla di formazione, di miti sulle origini, di epiche battaglie; veri e propri cammini iniziatici, in cui valori come coraggio e volontà vengono esaltati. Se in un primo momento l'epica si occupava di contesti reali, unendo realtà e fantasia per veicolare un messaggio, in seguito gli autori hanno sentito l'esigenza di inventare mondi nuovi per far muovere i loro personaggi.

Edith Wharton, prima scrittrice donna a vincere, nel 1921, il premio Pulitzer, identifica la nascita della narrativa moderna con l'opera *La principessa di Clèves*, di Madame de La Fayette, nel diciassettesimo secolo. Il primo romanzo in assoluto, però, pare essere *Genji monogatari* di Musaraki Shikibu, scritto nell'undicesimo secolo in Giappone. Questo parla della vita amorosa di Genji, figlio dell'imperatore, e viene considerato di genere psicologico.

Tuttavia, come disse Forster, quella dei romanzi è una delle "regioni più umide" della letteratura. La definizione è complessa: potremmo dire che qualsiasi testo d'invenzione piuttosto lungo sia un romanzo? Oggi pare che questa forma narrativa sia in crisi, ma già nel 1896 qualcuno, come Edmond de Goncourt, sosteneva che non avesse più niente da dire. Probabilmente, più che altro, è in continua trasformazione e si adatta (come qualsiasi mezzo di comunicazione degli umani) ai mutamenti della società.

La scrittura è sempre un modo di rielaborare un'esperienza. Chi narra non si limita a descrivere dei fatti, ma li seleziona, li collega e costruisce momenti d'intensità, dando modo a chi ascolta di viverli come se fossero suoi. Il romanzo è un "corpo narrativo", con i suoi elementi che fungono da organi, composto da sequenze che portano avanti la storia o si fermano per approfondire. Tendiamo oggi a dare per scontato che sia la forma "giusta" per raccontаre le storie, forse l'unica possibile, ma solo scavando nel passato possiamo comprendere come siamo giunti fin qui. Il modo in cui il genere umano ha inventato narrazioni è cambiato nel corso dei secoli e non ha mai smesso di riflettere la nostra complessità, i cambiamenti, la mentalità di un'epoca. **L'atto del narrare è dunque uno strumento finalizzato alla trasmissione delle esperienze dei singoli, che una volta condivise divengono patrimonio della comunità.** Nel momento di prendere la penna in mano, stiamo cogliendo i frutti di un'eredità antica; forse sarebbe meglio provare a comprenderla, per non ripartire da zero ogni volta.

Le narrazioni hanno un'utilità in senso evolutivo: trasmettono conoscenza, permettono di vivere esperienze in modo vicario e stimolano in noi curiosità e interesse. Pensiamo, per esempio, alle favole della tradizione orale: sono crude e inquietanti, ma sono state usate per secoli allo scopo di mettere in guardia i più giovani dalle insidie della vita. Oggi non le presenteremmo ai bambini nello stesso modo e infatti sono cambiate molto, però mantengono determinati elementi, come l'antagonista, il superamento del conflitto o della situazione problematica, l'esaltazione dei valori che riteniamo importanti.

In effetti, preferiamo trame complicate e ricche di difficoltà. Una storia priva di conflitti non ci emoziona, non ci spinge ad arrivare alla fine; un'avventura che porta il protagonista a rischiare la vita in genere ci coinvolge di più, rispetto a un'altra in cui tutto gli va bene. Noi umani adoriamo risolvere problemi che accendano i circuiti giusti, per così dire; nello stesso tempo, i nostri cervelli sono abituati a vedere complessità non soltanto in contesti concreti (un drago minaccia di incenerire l'eroe) ma anche in quelli più astratti (il protagonista lotta con la sua depressione). I "problemi" non devono essere per forza materiali, ma devono esserci.

Prima di impegnarmi nella stesura di questo libro, mi sono messa a chiedere in giro: *come mai tu leggi?* Le risposte sono state interessanti. La maggior parte delle persone dice di farlo per evadere dalla realtà; è comprensibile. La vita è difficile, svagarsi non dispiace a nessuno. Tuttavia, come dicevo, le storie hanno di certo un elemento basilare in comune: il conflitto. Perché amiamo fuggire dai problemi reali grazie a problemi non reali? Non vorremmo essere al posto dell'eroe che lotta contro un drago enorme, così come non vorremmo vivere la depressione, però farlo attraverso le pagine ci permette di fare esperienza delle difficoltà senza alcun rischio. Una sorta di catarsi vicaria, in cui affidiamo ai personaggi il compito di farcela e gustiamo quelle avventure dal calduccio del divano. Una prima funzione delle narrazioni è quella di farci evadere senza rischiare nulla.

Esistono le eccezioni: scrittori come Joyce o Proust hanno creato storie dalla struttura innovativa, meno incentrate su serie di eventi. La letteratura può avere diversi scopi, a parte l'evasione: un altro può essere la riflessione, su temi sociali, culturali o filosofici. Proust analizza il ruolo del prestigio sociale, per esempio; il conflitto, in realtà, più che svanire si nasconde tra le pieghe di una struttura complicata. Non sempre la semplicità ci basta, quindi diversi tipi di lettori cercano diversi tipi di conflitti. Qualcuno leggendo *La Recherche* potrebbe annoiarsi, mentre altri si annoieranno con una trama lineare e molto chiara.

Altra funzione delle narrazioni è la conoscenza. Apprendendo grazie all'esperienza altrui, anche se d'invenzione, ampliamo quello che ci è familiare. Un romanzo storico ben scritto ci insegnerà come si viveva nel passato e magari in luoghi lontani, un giallo potrebbe darci un'idea di come si svolgono le indagini per un omicidio. Qualsiasi storia ci insegna qualcosa di pratico, che sia una procedura professionale o delle tradizioni ormai perdute nel tempo. Certo, non ogni dettaglio ci tornerà utile nella vita di ogni giorno, ma potrebbe; la nostra evoluzione deve tanto alla condivisione di informazioni. Potremmo allargare il campo includendo il linguaggio stesso: anche se un romanzo specifico non ci insegnerà nulla di particolare, ci permetterà di affinare l'uso della lingua e del ragionamento, competenze utili per il benessere e il successo sociale.

Tra le funzioni delle storie c'è poi quella che a mio parere è la più importante, ovvero la costruzione di una visione del mondo che sia personale, argomentata e completa. Allenando il linguaggio, il ragionamento e la curiosità, l'individuo inizia a creare un suo modo di pensare aggiungendo l'ingrediente che nessun autore potrà mai dargli. Abbiamo già parlato del ruolo del lettore, ma guardiamolo dall'altro lato: chi "riceve" una narrazione aggiunge un tassello al proprio modo di vedere il mondo, che insieme agli altri determina la creazione di un insieme unico e soggettivo. Sì, è un po' il discorso del "leggere ci rende migliori", anche se dirlo così è superficiale. Siamo noi a dover agire (anche soltanto tramite il pensiero) per allenarci a riflettere e generare idee.

L'essere umano è la somma di natura e cultura: una persona dal cervello promettente, ma che rimane isolata per tutta la vita, non riuscirà a produrre idee brillanti. **Gli spunti che riceviamo dalle narrazioni altrui ci regalano strumenti per produrne di nostre, o anche solo per capire meglio la realtà**.

Questo, me ne rendo conto, è un discorso spinoso. Lo ripeto: non basta leggere, qualsiasi cosa e senza alcun impegno, per diventare esseri umani migliori. Bisogna allenarsi, far girare le metaforiche rotelle della mente, fare paragoni, confrontarsi, analizzare. L'esercizio a cui ci spinge la lettura (o la fruizione di storie in generale) è prezioso perché si attivi in noi il ragionamento critico.

2
LA MENTE CREATIVA

enry Darger era un uomo solitario. Dopo un'infanzia difficile, trascorsa tra ricoveri per minori e manicomi, rimase orfano all'età di sedici anni. Da quel momento, con la pazienza e la costanza di chi ha poco, si guadagnò da vivere lavorando come garzone e custode. Non aveva una famiglia, in pochi potevano dire di sapere chi fosse; trascorreva il suo tempo libero dentro una stanza in affitto e da dietro la porta i vicini potevano sentirlo parlare da solo. Era come un bambino, dicevano di lui: innocente, gentile e bizzarro.

Solo in seguito al ricovero poco prima della sua morte, i padroni di casa fecero una scoperta che li lasciò a bocca aperta: quella camera era zeppa di fogli, quaderni, ritagli. Henry aveva passato tutta la vita a scrivere e disegnare; la sua opera principale, da lui intitolata *The story of the Vivian girls, in What is known as the Realms of the Unreal, of the Glandeco-Angelinnian War Storm, Caused by the Child Slave Rebellion* (chiamata oggi *The Realms of Unreal*, perché bisogna ammettere che come titolo era un po' lungo), rappresentava un vero capolavoro di stranezza.

La storia andava avanti per più di quindicimila pagine, corredate da illustrazioni ad acquerello. Henry aveva narrato le avventure delle "ragazze Vivian", bambine bionde e carine costrette ad affrontare una guerra all'ultimo sangue come dei veri soldati. Gli elementi bizzarri erano tantissimi: le bambine, ritratte spesso senza vestiti, erano dotate di organi sessuali maschili (scelta che in molti attribuiscono all'ignoranza di Henry riguardo il sesso femminile); i disegni sembrano usciti da un sogno, a volte da un incubo; insieme ai manoscritti, vennero ritrovate numerose fotografie, illustrazioni da ritagli di giornali e pubblicazioni varie, che l'autore usava come fonte per disegnare figure realistiche; la guerra che i due eserciti avversari combattevano aveva come vittime principalmente bambini, ritratti in preda a torture orrende. E via dicendo, in un mix di creatività e follia.

Era pazzo, Henry? Forse, o forse no. Era una persona tranquilla, capace di nascondere bene quel fuoco che gli ardeva nel petto. L'opera, nonostante la sua particolarità, è interessante sul serio e merita di venire letta, osservata e studiata. Ha tutto quel che serve: una trama originale, un tema di base, personaggi accattivanti e un pizzico di follia, che non fa mai male. È persino possibile capire quali elementi siano autobiografici, perché l'autore ci ha lasciato anche il manoscritto *The History of My Life*, che comprende un misterioso racconto su un tornado di nome Sweetie Pie.

Mentre mi documentavo su questo omino affascinante, sono rimasta sorpresa di leggere online che "è stato uno scrittore e illustratore". Di certo ha scritto e illustrato, e non poco; ma basta questo, dunque, per definirlo "scrittore"? Certo, le definizioni di Wikipedia non sono affidabili, però è una domanda interessante, non trovate?

Gli appassionati di libri dalla misteriosa origine conosceranno già la storia del manoscritto di Voynich, un codice illustrato che pare risalire al XV secolo e che rimane ancora oggi indecifrabile.

Quest'opera, piena di disegni botanici, astronomici e di varia natura, è un vero mistero: non abbiamo idea di chi sia l'autore, del motivo per cui sia stata creata e di cosa significhi. Eppure, qualcuno deve aver passato davvero molto tempo a disegnare e a inventare un linguaggio cifrato complicatissimo. Come mai lo ha fatto? Le teorie sono molte: potrebbe essere un falso, creato ad arte per guadagnare dei soldi, oppure addirittura un testo alieno. In ogni caso, chi guarda quelle pagine rimane affascinato.

Possiamo allora definirla arte? Non potremmo negare che suscita molte sensazioni nel lettore: smarrimento, inquietudine, curiosità e sorpresa. Chi l'ha creata, nonostante manchi il messaggio, si può definire un artista?

Un altro caso particolare è quello di *Terra matta*, diario di vita scritto dal cantoniere ragusano Vincenzo Rabito negli anni Settanta. L'autore, semianalfabeta, decise un giorno di mettere su carta la sua storia, grazie a una macchina da scrivere che non sapeva usare proprio bene; il dattiloscritto originale, con interlinea singola e con il punto e virgola al posto degli spazi tra le parole, risulta quasi illeggibile, anche a causa del linguaggio utilizzato, cioè un miscuglio tra italiano e siciliano. Vincenzo lo scrisse per sette anni, senza parlarne con nessuno, e poi, come spesso capita, morì. Diverso tempo dopo, il figlio trovò il plico e lo spedì all'Archivio Diaristico Nazionale, dove fu impossibile non notarne l'eccezionalità. Una persona qualsiasi, non scolarizzata e non particolarmente colta, aveva riversato sulle pagine le sue esperienze di vita, creando una testimonianza utile, interessante e pregna.

Terra matta è stato pubblicato, in versione ridotta e resa più comprensibile, dalla casa editrice Einaudi nel 2007, e ancora oggi è un titolo che fa parlare di sé.

Era uno scrittore, Vincenzo? Non era neanche un gran conoscitore di grammatica e sintassi. Aveva allora un talento innato, di quelli che non hanno bisogno di altro?

I casi come questi sono tanti. Ne sentiamo parlare e attirano la nostra attenzione per diversi motivi. Proviamo quasi invidia, per queste persone che sono riuscite a farsi ricordare lungo i decenni e i secoli. Non erano artisti osannati dalle folle e in genere sono morti senza godere di alcun riconoscimento; eppure le loro creazioni sono rimaste, divenendo più resistenti e significative della singola, breve vita umana. Non è forse questo lo scopo della creazione artistica? Ma allora, ci chiediamo, non potrebbe accadere anche a noi?

2.1 – COME NASCE IL MESTIERE DELLO SCRITTORE

Nel Quattrocento, un orefice tedesco di nome Gutenberg ebbe un'idea eccezionale e creò quello che oggi rende possibile l'esistenza dei libri: la stampa a caratteri mobili.

In realtà, in Cina era già stata inventata quella a matrici di legno, la xilografia, che però richiedeva processi lenti e complicati. Gutenberg si occupò invece di incidere i singoli caratteri nel metallo, così da poterli riordinare per formare le pagine.

Questa tecnologia rese la produzione libraria efficiente e veloce, per poi segnare l'inizio di una vera e propria svolta nella diffusione di idee e cultura in tutto l'Occidente. La stampa divenne un'arte e arrivò in Italia, che rimase protagonista del settore fino al diciassettesimo secolo.

Sarete dispiaciuti nel sapere che, nonostante la sua bella idea, Gutenberg ebbe gravi problemi economici e pare sia morto povero e malato. La nuova tecnica venne ripresa da numerosi stampatori e il mestiere di tipografo arrivò a evolversi fino all'emergere dei primi editori, che non si limitavano a stampare ma intervenivano sui testi e realizzavano vere e proprie opere d'arte tipografiche. Il primo editore italiano fu Aldo Manuzio, che portò avanti la sua attività a Venezia alla fine del '400.

Il lavoro di Manuzio viene ancora oggi considerato uno spartiacque fra un prima e un dopo dell'editoria: la figura dell'editore moderno nasce con lui. Se in passato i tipografi erano spesso di scarsa cultura e superficiali, Manuzio generò l'idea della lettura come attività piacevole e legata al sapere. Intellettuale ricercato e furbo uomo d'affari, fu anche il primo a ottenere dei veri bestseller: vendette più di 100.000 copie del *Canzoniere* di Petrarca, una cifra che anche nei nostri anni è una rarità, e ancora rese il *Cortegiano* di Baldassar Castiglione una *hit* del Cinquecento.

Questa attività, all'epoca unica in Europa, Manuzio la portò avanti usando un'inventiva geniale. Anche alla fine del Quattrocento, il mercato dei libri era in crisi: la sovrapproduzione causava una grande quantità di invenduti che divenivano a volte incarti per il cibo. Lui giunse a Venezia ben consapevole del contesto, ricco di letterati e di denaro in circolo, grazie all'Università vicina e ai mercanti. Nella prima metà del Cinquecento, l'Italia produceva gran parte dei libri europei e Venezia era il centro assoluto della fervente attività editoriale.

Manuzio, in sostanza, inventò il "business del libro", come afferma Alessandro Marzo Magno nel saggio *L'alba dei libri*. Nacque così il mestiere di editore vero e proprio, che diede vita a società e gruppi commerciali (come i Giunta, fiorentini, che porteranno alla casa editrice Giunti).

Le idee che questo editore creativo ha regalato ai posteri sono tante: il formato tascabile, per esempio, o il corsivo, o il punto e virgola e l'impaginazione a colonne; ma anche l'idea che un editore debba essere saggio e sapiente, per occuparsi della selezione e non del lavoro manuale sul torchio. La sua opera d'arte più controversa è la stampa del *Hypnerotomachia Poliphili*, un romanzo allegorico scritto da un frate ma di genere erotico, con tanto di illustrazioni scandalose.

Ma non solo: per lui, un editore si occupa di viaggiare in cerca di manoscritti, è a contatto con studiosi e luminari, cura i testi grazie ai collaboratori che si occupano di correggere le bozze. Anche dopo la sua morte, il concetto di "editore" e quello di "tipografo" rimasero divisi per sempre, fino ad arrivare a oggi.

La produzione di tipo industriale allargò l'utenza del mercato: se prima la lettura era il regno dei benestanti colti, man mano il pubblico iniziò a espandersi. Le possibilità della stampa a caratteri mobili davano modo di produrre numerose copie, ma ciò imponeva un alto numero di acquirenti, per giustificare i costi dei materiali usati. Un po' come accade oggi (nonostante questo problema sia ormai parzialmente superato grazie al digitale), non era conveniente stampare piccole tirature: per guadagnare davvero, le copie dovevano essere tante ma venire anche vendute. La necessità di creare nuovi lettori coinvolse così il popolo, creando l'allontanamento da un sistema basato su lavori commissionati ed estranei a necessità imprenditoriali.

L'editore si ritrovò a dover gestire l'incontro tra domanda e offerta, accogliendo sempre più autori e investendo nella promozione. Oggi ci lamentiamo del lato commerciale dell'editoria, eppure **già allora un editore compiva scelte basate sul ricavo**: le storie a puntate, come quelle di Dickens, nacquero proprio per rispondere al pubblico di massa e per divertirlo in maniera efficace e remunerativa.

Conseguenza diretta di tutti questi cambiamenti, con il passare del tempo, fu l'emergere di nuove professioni, legate alla produzione del libro. L'autore si trovò a dover proteggere il proprio interesse economico, la propria reputazione e correttezza, e la fama che avrebbe garantito delle vendite consistenti. I ruoli del curatore, del correttore di bozze e del libraio cominciarono a farsi spazio e a divenire parte integrante dell'editoria, per affrontare una complessità in crescita.

L'industrializzazione del diciottesimo secolo diede infine l'ultima spinta necessaria: **il libro divenne un prodotto, con tutto quel che ne consegue**.

La produzione di massa punta sulla riproducibilità del prodotto stesso, che include anche l'opera d'arte. A differenza di ciò che facevamo da parecchio e che presupponeva un lavoro artigianale, come le copie realizzate dagli amanuensi, la riproduzione tecnica sembra togliere autenticità all'opera artistica. Anche oggi consideriamo un esemplare unico come più prezioso, raro e autentico rispetto a qualcosa che è disponibile in copie illimitate. Per esempio, saremmo affascinati da un diario vergato a mano e mai riprodotto.

Le forme d'arte legate per natura alla riproducibilità, come la fotografia, fecero fatica proprio per questo motivo a venire riconosciute. Nel frattempo, la diffusione della stampa e dell'istruzione portò alla crescita del numero di scrittori, che in precedenza erano pochi intellettuali fortunati e appartenenti a certi contesti sociali. **Il lettore, che prima si limitava a usufruire di un'arte creata dagli eletti, iniziò sempre più a diventare scrittore lui stesso**.

2.2 – TEMPI MODERNI

L'era che stiamo vivendo è quella della produttività e della professionalità, nella quale pare sia difficile accettare l'arte dello scrivere come un mestiere vero e proprio. Non si contano gli autori, anche di successo, che rispondendo "scrittore" alla domanda "che lavoro fai?" si vedranno ridere in faccia.

Il problema, forse, risiede nella convinzione che chiunque possa farlo; idea non del tutto errata, volendo. Possediamo i mezzi necessari e, in genere, siamo alfabetizzati e scolarizzati. Unendo a questo il romanticismo che circonda l'arte in generale, otteniamo l'equazione perfetta: se tutto dipende dall'ispirazione, qualsiasi essere umano potrebbe riceverla in ogni momento della vita. La difficile definizione dello "scrittore per lavoro" complica il tutto ancor di più.

E ancora: **in passato, all'artista veniva richiesta una certa competenza ed essa veniva apprezzata, legando il senso dell'arte alla bravura, al saper realizzare qualcosa che gli altri non sarebbero mai stati in grado di comporre**. L'ispirazione aveva un grande peso, ma discendeva solo sui pochi che la meritavano. Oggi tendiamo a pensarla nel modo opposto: basta essere spontanei e tutti potremmo creare arte. Se non possediamo competenze tecniche specializzate è ancora meglio, perché saremo genuini. Ciò allarga la platea dei potenziali artisti e ci confonde: può essere arte anche una tela del tutto bianca, lasciata così con l'intenzione di trasmettere un messaggio, nonostante il suo creatore non abbia fatto nulla che chiunque di noi non potrebbe fare?

Il ruolo della critica, sempre più distante dai consumatori e quindi dalle vendite, appare presuntuoso in un mondo in cui tutti hanno il diritto di dirsi scrittori. Che importa se l'autore compie tanti errori di sintassi o ha un ritmo sgradevole? Ha espresso la sua creatività, ha aperto il suo cuore e magari è stato persino pubblicato da un marchio famoso e autorevole. I cancelli che separavano il popolo degli artisti dalla massa sono ormai spalancati e sarà difficile tornare indietro.

Ma è qualcosa che dovrebbe preoccuparci? In fondo, non è positivo che chiunque, oggi, possa esprimersi?

Direi: sì e no. Da un lato sì, perché la selezione ristretta lascia fuori opere interessanti. Il modello aziendale che molte case editrici hanno sposato fin troppo funziona in modo freddo, nonostante il capitale umano di valore al loro interno non manchi. Bisogna anche dire che il volgo in quanto tale ha smesso di esistere: persino l'aspirante più sgrammaticato ha frequentato la scuola e spesso ha lauree e master, possiede un computer e ha tutti i mezzi per informarsi, approfondire e imparare.

Dall'altro lato rimane la funzione dell'editore, che immaginiamo come bussola di cultura. Sarebbe impossibile non notare una certa ipocrisia nel modo in cui se ne parla: gli editori tengono ancora a raccontarsi come scopritori di talenti nuovi e compositori di cataloghi che parlano di letteratura e avanzamento culturale, ma nello stesso tempo non smettono di ribadire che il fatturato sia alla base del lavoro, almeno in certi casi.

Non è mia intenzione sostenere che il passato sia pieno solo di libri "alti"; l'editoria ha cercato l'approvazione facile del pubblico fin dall'inizio, essendo un'attività imprenditoriale. Sarei ipocrita anch'io, però, a non ammettere che la ricerca di nuovi talenti sia in gran parte legata al seguito che l'autore può offrire fin da subito: facile scoprirli, se hanno già milioni di fan che compreranno il libro all'uscita.

Non generalizziamo: esistono editori indipendenti di grande valore, che vanno avanti con fatica e che lavorano duramente per sopravvivere, in seguito alla scelta ideologica del catalogo ragionato. L'aspirante, però, continua a sognare il grande marchio e si ritrova a lottare con il muro della fama.

Una caratteristica che ho notato essere comune tra questi aspiranti è l'ingenuità: dicono di voler lavorare come scrittori, ma rifiutano il lavoro che hanno scelto. Vivere di scrittura comprende l'avere a che fare con il "dietro le quinte" dell'editoria, che non è sempre limpido e lineare. Quando iniziano a scoprirlo, gli autori novelli si gettano dall'altro lato e iniziano a inveire contro fantomatiche raccomandazioni. No, non è questo il problema: le raccomandazioni ci sono, come in qualsiasi settore, ma nessuno pubblica un romanzo perché l'autore gli sta simpatico e basta. La continua ricerca di una "spintarella" diviene frustrante e denota una grave mancanza di coerenza: l'autore si indigna se viene a sapere che un altro è stato aiutato, eppure non vede l'ora di esserlo lui stesso e per questo contatta disperatamente editor, autori e uffici stampa.

Il punto, semmai, è la necessità di venire riconosciuti e stimati dagli addetti ai lavori. Stimati, non raccomandati. Può essere un ostacolo per chi non partecipa al mondo delle lettere, non va a ogni evento, non invia racconti a tutte le riviste perché magari non ne produce, o non è pronto a sostenere scambi di recensioni, anche oneste. **Siamo umani, persino in editoria, e l'affollamento delle proposte spinge verso una selezione basata sulla stima.**

Lo scrittore non è l'unico artista costretto ad attraversare una serie di "tappe" per fare carriera: fin dall'Ottocento, per esempio, era il mondo accademico a gestire i riconoscimenti utili a entrare nel popolo dei creativi, in ogni ambito. L'avanzamento istituzionale era più importante dell'approvazione da parte del mercato, perché avrebbe permesso di raggiungere quel mercato e quindi generare poi un profitto; così come oggi non è semplice giungere alla pubblicazione con un grande editore senza prima aver conquistato la stima di chi vi ruota intorno. Se in passato tutto dipendeva dalla famiglia in cui l'aspirante autore era nato, oggi dobbiamo ammettere che le possibilità sono senza dubbio più democratiche.

Avviarsi alla carriera dello scrittore significa partecipare, e senza accogliere questo punto di partenza sarà difficile arrivare da qualche parte.

2.3 – L'AUTORE RESPIRA ANCORA

Nel 1967, il critico francese Roland Barthes scrisse un breve saggio chiamato *La mort de l'auteur* ("La morte dell'autore"). No, non si parla di cadaveri, ma di critica letteraria, e di quanto sia sbagliato considerare la vita di chi ha scritto come chiave interpretativa di un'opera d'ingegno. Questa "morte" era un suggerimento, per fortuna soltanto metaforico.

L'opera, per Barthes, dovrebbe venire liberata dalla "tirannia" dell'interpretazione e lasciata a esprimersi da sola, come prodotto indipendente dal suo creatore. Leggerla basandosi su una biografia significa limitarla e, per quanto sia un metodo diffuso e in apparenza conveniente, non sarà efficace. Non sarebbe infatti la singola esperienza di chi crea in quanto individuo a essere responsabile della sua esistenza, ma tutta la storia umana fino a quel punto; guardare attraverso il filtro di una sola vita distorcerebbe il senso dell'opera.

Barthes notò che la critica si avvicinava a un testo partendo da un problema preciso: trovare il senso "vero", quello che l'autore intendeva. Lui invece invitò gli autori a prendere le distanze da quel che hanno creato ed evitare di spiegarsi; sarà l'opera stessa a parlare.

Osservando il mondo di oggi, però, potremmo chiederci come mai la figura dell'artista sembri essere sovrapposta a quella del personaggio pubblico. In che modo potrebbe evitare di spiegarsi, di raccontare la propria vita, un autore contemporaneo? E come prendere le distanze, se quel che viene raccomandato è la continua promozione di noi stessi?

Potremmo dire prima di tutto che dal 1967 il mondo è cambiato non poco. Ormai siamo tutti dei personaggi e possiamo spiare da finestre virtuali la vita degli altri con un click. Ci siamo talmente abituati a questa realtà da trovare strano se uno scrittore famoso non ha dei profili pubblici attraverso i quali potremmo conoscerlo meglio. Molti autori hanno creato le basi per la propria carriera grazie alla rete, guadagnandosi un seguito per poi "spendere" quel successo nella pubblicazione. Non avere dei "seguaci" vuol dire essere invisibili, non venir presi sul serio, e questo diventa un problema se intendiamo farci ascoltare dagli editori.

Cosa ne pensano i lettori? Da quel che ho visto, **c'è interesse ed entusiasmo nel poter seguire i propri creativi preferiti, ma l'eccessiva vicinanza può rovinare tutto**. Chi scrive viene ancora visto come un saggio distante, che non potrebbe lanciarsi in post ridicoli, politicamente schierati o che contengano errori di grammatica o sintassi, anche se il mezzo spinge alla fretta. Gestire i profili può diventare un problema nel giro di pochi secondi, se non lo si fa con cautela, ma è al momento un'attività indispensabile se siamo all'esordio e abbiamo bisogno di farci conoscere.

Nell'esporci al giudizio del pubblico, corriamo il rischio di inimicarci chi non la pensa come noi. Questo problema esiste in realtà anche per gli autori del passato: sono parecchi i "grandi nomi" di cui viene messo in evidenza oggi, a distanza di decenni o più, un determinato atteggiamento ritenuto ormai sconveniente, che si era perduto nel tempo ma che riemerge e ci lascia perplessi. Un esempio? Il telegramma che Pirandello inviò a Mussolini, in seguito all'assassinio di Matteotti, mostrandogli vicinanza. Oppure, le descrizioni razziste di Lovecraft. Come dovremmo considerare chi, pur essendo entrato nell'olimpo letterario, ha mostrato posizioni difficili da giustificare?

Ovvio: a noi la scelta. Potremmo rimanerne disgustati e cercare artisti che condividano la nostra visione del mondo, oppure, come suggerirebbe Barthes, vedere l'opera come oggetto indipendente dal suo creatore. Nel seguire i suoi suggerimenti potremmo decidere che l'opera esprima valori negativi e rifiutarla, ma non per questo censurare tutta la produzione di quel particolare scrittore.

Da autori, in ogni caso, sarà bene ricordare che prendere posizioni ideologiche può costarci parecchio. A volte potremo combattere per una causa o unirci a movimenti utili, altre finiremo per venire snobbati dal pubblico perché magari avremo esagerato. Il rischio potrebbe essere parte di un'azione sensata, allo scopo di cambiare la società e la cultura umana; un artista, in fondo, dovrebbe interessarsi a questa possibilità. Insomma, come al solito quel che conta è essere consapevoli di come agiamo. Lottare per ciò in cui si crede è una scelta che personalmente preferisco, ma siate sicuri di crederci davvero e di essere pronti ad accettare le conseguenze.

2.4 – IL TALENTO ALLO STATO BRADO

Chiunque, ai nostri giorni, ha accesso a un contenitore che offre infinite possibilità: *internet*. Ci siamo talmente abituati a usare i nuovi media che li viviamo come qualcosa di scontato, ma fino a qualche decennio fa gli esseri umani ne facevano a meno. Sembra impossibile, non è vero?

Il ruolo che la rivoluzione digitale ha avuto nelle nostre vite è duplice: da un lato siamo tutti spettatori e usufruiamo di contenuti per lo più gratuiti. Guardiamo video, scorriamo i *feed* dei social, leggiamo articoli e newsletter. A volte ci viene un dubbio nel cuore della notte, per esempio su quale sia la città meno densamente popolata del pianeta o su cosa succede se una persona ingerisce del mercurio (non negatelo, capita a tutti di consultare Google per questioni assurde) e la conoscenza è lì, pronta per noi, veloce e disponibile. Usiamo YouTube per passare il tempo, per informarci e per avere un sottofondo mentre puliamo la casa.

E ancora: esistono i podcast, gli audiolibri, gallerie di fotografie e qualsiasi cosa potremmo desiderare.

Dall'altro lato, abbiamo la possibilità di produrre. Anche questo è gratis; certo, avremo più successo investendo in delle attrezzature professionali, ma non sempre è indispensabile. La libertà di espressione è a portata di mano: se vogliamo condividere i nostri disegni, canzoni inventate da noi o dei racconti scritti seguendo l'impulso dell'ispirazione, nulla ce lo vieterà.

Se vi fermate un momento a pensarci sopra, vi verrà in mente come fino a pochi anni fa tutto questo non fosse possibile. Un singolo individuo che avesse voluto creare un cortometraggio avrebbe avuto bisogno di soldi per i mezzi tecnici, di competenze altamente specializzate, di molto tempo e collaboratori, un produttore e un distributore per la vendita. Oggi i nostri cellulari possono creare ottimi video e montarli come vogliamo, e per la condivisione basta un click. Per quanto riguarda i libri, possiamo dire che le tipografie esistono da tempo, ma che la vendita online aiuta molto gli autori indipendenti. Senza internet, infatti, ogni creativo avrebbe dovuto trasformarsi in un vero e proprio commerciante o confidare nella pazienza e accoglienza dei distributori.

Dunque, oggi tutti possiamo essere dei "creator", definizione che include qualsiasi tipo di autore: dallo scrittore a chi crea tazze da vendere per corrispondenza, dai blogger agli YouTuber.

L'intellettuale tende a snobbare le nuove forme d'espressione che la rete ha reso possibili. I dibattiti sul tema non si contano: **c'è chi accusa questa facilità di aver reso superflua la competenza, perché chiunque può decidere un mattino di diventare critico d'arte, recensore, influencer in ogni campo**. Proprio questa parola, *influencer*, è oggi al centro delle polemiche: chi sono queste persone che diventano famosissime grazie ai social network, da dove vengono e cosa vogliono? Come osano rubare il posto a chi ha studiato per anni, ha titoli ufficiali ed è conosciuto e rispettato nel suo settore? Com'è possibile che un ragazzino, nel giro di poco tempo, ottenga un seguito di milioni e milioni di follower? Il problema è sempre lo stesso: contano più i numeri, quindi le vendite, i soldi, gli affari e il mercato, oppure la qualità dei contenuti?

Non potrei negare che molte figure di spicco della rete non brillino per profondità o competenza. Spesso ad attirare il successo è il mero carisma, unito magari a un'apparenza curata e a buone capacità tecniche nella realizzazione di video, grafiche o fotografie. Il pubblico più giovane è facile da influenzare e tende ad ammirare la ricchezza economica; i numeri generano altri numeri, così un ragazzo qualsiasi può diventare una star partendo da dei *vlog* (cioè diari personali in forma di video) girati nella sua cameretta. La questione, come al solito, è però ben più complessa: dobbiamo tener conto anche dell'affollamento nelle proposte, che genera una competizione feroce e introduce i principi della selezione naturale anche su YouTube o Instagram, e di un'evidenza: non tutti gli influencer sono superficiali e conquistare un pubblico è comunque l'espressione di un talento.

Al di là di questo, la produzione contemporanea non è composta solo da *vlog* e *tutorial* di cui potremmo fare a meno. Guardando meglio troveremo dei tesori, che rappresentano a mio avviso vere e proprie opere d'arte e che meriterebbero saggi specifici.

È il caso di Alan Resnick, videomaker, artista, disegnatore, performer e chi più ne ha più ne metta, che ha reso difficilissimo tracciare di lui una biografia completa. Ormai conosciuto nella rete, specialmente in America, Alan ha aperto un canale su YouTube e nel 2011 è diventato famoso per la serie *alantutorial*. L'opera comprende diversi video pubblicati nel giro di tre anni, in cui un uomo con evidenti problemi mentali gioca a creare dei tutorial, appunto, ovvero delle guide che spiegano come fare qualcosa, e li condivide sulla piattaforma con ingenuità e ardore. Gli spettatori si trovano di fronte contenuti che potrebbero essere autentici, caricati cioè da una persona davvero esistente che crede siano interessanti.

Se all'inizio li si guarda con scetticismo e un po' di ilarità, perché il protagonista sembra proprio un tipo strambo, man mano la storia inizia a rivelarsi: il personaggio, interpretato dallo stesso Alan Resnick senza mai inquadrarsi il volto, lascia intravedere degli indizi sulle sue condizioni di vita. Pare viva con il fratello, che non vediamo mai ma che sembra un antagonista; a un certo punto, gli eventi si fanno sempre più misteriosi e inquietanti. Il significato dei simboli inclusi e la ricostruzione della trama di base sono oggetto, ancora oggi, di discussioni tra i fan.

La presenza di un tema ben preciso, anche se vago, rende l'opera significativa; nel contempo, la necessità di approfondire e di essere spettatori attivi soddisfa il pubblico, che si entusiasma e partecipa. Non voglio raccontarne ogni dettaglio, perché vi toglierei il piacere della visione. Andate a cercarlo, non ve ne pentirete.

La serie *alantutorial* è probabilmente uno dei primi ARG (alternate reality game) a comparire su YouTube e fungerà da ispirazione per tantissimi dei successivi, come *Daisy Brown*, serie partita nel 2017 e conclusa nel 2018, che affronta temi profondi in modo altamente simbolico e si è fatta notare per l'atmosfera dark, surreale e originale.

Il mezzo degli ARG è stato utilizzato fin dal 1999, ma prima era più che altro un modo per promuovere un prodotto coinvolgendo il potenziale pubblico. Alan Resnick non ha inventato questo genere narrativo, se così vogliamo definirlo, però lo ha portato su YouTube, dando il via a una tradizione che continua anche adesso.

Alan proseguì nella creazione di video grazie alla collaborazione con il network americano *Adult Swim*, per cui realizzò *Live Forever as You Are Now with Alan Resnick*, un bizzarro cortometraggio che parla di immortalità e tecnologia, e *Unedited Footage of a Bear*, una parodia delle pubblicità di psicofarmaci con un twist davvero inquietante. Del 2016 è poi *This House Has People in It*, basato sul genere del "found footage", cioè delle riprese amatoriali ritrovate dopo una tragedia, e collegato a un altro ARG che comprende ore e ore di contenuti.

Non è finita qui: gli spettacoli dal vivo del gruppo *Wham City Comedy*, di cui Alan fa parte, sono notevoli e sempre brillanti, e le loro produzioni successive come *The Mirror* mantengono l'alto livello simbolico a cui i fan sono affezionati. Tutte le opere di Alan danno l'impressione di trovarsi davanti a un genio folle, ma sono talmente affascinanti da catturare chiunque. Potreste ritrovarvi a chiedervi cosa diamine state guardando, ma penserete che ne sia valsa la pena.

Non so quanto spazio ci sia nel mondo accademico per artisti come lui, nati e cresciuti nella rete. Di una cosa, però, sono sicura: un giorno le sue opere verranno riconosciute a livello universale. Internet, con la sua libertà quasi anarchica, è ormai fonte d'arte come i mezzi a cui siamo abituati e rappresenta un'enorme risorsa, gratuita e senza limiti d'accesso. Da aspiranti autori, dovremmo rendercene conto.

3
IL MOTORE

Abbiamo già detto che, in quanto umani, siamo tutti creativi. La nostra capacità di *problem-solving* è innata, perché fa parte di quelle caratteristiche "speciali" che ci hanno permesso di sopravvivere, evolverci sempre più e conquistare il pianeta, per poi adattarlo a noi stessi (e infine, forse, danneggiarlo irreparabilmente, ma questa è un'altra storia e dovrà essere raccontata un'altra volta).

Nell'atto creativo siamo costretti a passare molto tempo a confabulare per risolvere problemi immaginari; o meglio, per inventarci modi in cui persone inesistenti risolverebbero problemi immaginari. Risolvere problemi ci piace proprio tanto e se ci pensiamo bene non è difficile capire che ogni storia è, in fondo, nella sua struttura di base, non molto più di questo.

La creatività fa quindi parte della nostra indole. Siamo abituati a pensare che esistano individui più o meno capaci, ma chi lo è meno ha forse solo fatto esercitare poco il suo cervello. Non intendo negare l'esistenza di una certa predisposizione, ma credo che il pensiero si sviluppi grazie all'esercizio del pensiero stesso; allora, sono convinta che diventiamo più creativi (anzi: creativi in modo migliore) provando a esserlo.

Facciamo un esempio. C'è chi disegna molto bene anche da bambino, senza aver frequentato corsi o ottenuto istruzioni; c'è poi chi è negato e non riuscirebbe a tracciare una sagoma credibile nemmeno sotto tortura. Sono punti di partenza diversi, eppure al secondo basterebbe un po' di pratica, condotta con convinzione, per imparare a produrre disegni interessanti. Spesso, da un'incapacità di base nasce uno stile molto personale, che finisce per venire più apprezzato di un altro stile schematico e già visto.

Lavorando come editor freelance, ho avuto occasione di leggere dattiloscritti inediti che nessuno leggerà mai. Gli autori sono casalinghe annoiate, anziani signori di buona famiglia, oppure ragazzi pieni di sogni, ma il loro livello "tecnico" è basso, quasi a zero: compiono errori banali, non si sono mai interessati agli elementi di un romanzo, spesso non sono dei lettori. Nonostante ciò, sono persone; trovano a volte idee brillanti, che mettono su carta in malo modo perché non sanno come si fa. Leggendo le loro storie, mi sono convinta che essere creativi non dipenda dalla scolarizzazione, o dalla competenza nell'uso della grammatica e della scrittura, ma dalla capacità di collegare le idee.

Questo significa che c'è speranza per tutti? In un certo senso sì. Il problema è la convinzione che talento e tecnica bastino; la volontà di sedersi e scrivere, di riprovare, insistere e approfondire non è da dare per scontata, ed è forse la qualità più utile che possiamo avere.

Flannery O'Connor diceva che l'arte è l'*habitus* dell'artista. In quanto abitudine va coltivata, portata avanti nel tempo. **L'insegnamento della scrittura non consiste nel passaggio di segreti conosciuti da poche persone ma, di base, proprio nella trasmissione dell'habitus.** Purtroppo siamo abituati al "tutto e subito", a pretendere un successo immediato e risultati concreti e veloci; ma non funziona così, e la fretta ci porterà soltanto a fallire.

Jack Effron, scrittore, editor e insegnante di scrittura creativa, dà una bella definizione dell'atto creativo come caratterizzato da speranza e coraggio; un modo per trasformare il caos in ordine, per dichiarare la nostra identità personale e spalancare il cuore di fronte a un mondo complesso e razionale. Di certo scrivere è più difficile rispetto a leggere, o anche al lavorare sui testi. Trovare le idee può diventare una tortura, la prima stesura è lunga e tortuosa e serve una volontà costante per arrivare alla parola "fine". Sarebbe così semplice evitare tutto questo, invece milioni di persone si cimentano ogni giorno nell'impresa.

Effron, nel suo manuale *Il libro delle idee sulla scrittura*, parte da un ottimo consiglio: è bene divertirsi, scrivendo. Non potrei essere più d'accordo: da autori scegliete di mettervi in gioco e di essere fragili, ma se lo fate, cercando la gioia dell'aver creato, almeno dovreste mantenere uno spirito ludico e rendere l'esperienza piacevole.

Un buon equilibrio tra le aspettative e l'impegno è necessario per non diventare matti; la leggenda per cui la sofferenza psicologica è l'origine dell'ispirazione potrebbe avere un certo fondamento, però nessuno vorrebbe trascorrere una vita grama in nome dell'arte.

Nel mio lavoro, capita di vedere autori alle prime armi che finiscono per intristirsi. Gli aspiranti hanno in genere un atteggiamento caotico, fatto di corse e obiettivi irraggiungibili, che sfocia nel classico blocco.

Se vi siete fermati e ne soffrite, provate a vedere la scrittura come l'attività che amate, non come un dovere.

3.1 – IL MONDO DELLE IDEE

Ogni autore riesce, nel corso della sua vita, a farsi venire un numero sterminato di idee. Molte sono pessime, frutto di un impulso momentaneo, e vengono scartate. Altre invece sono buone ma vanno limate per benino. Altre ancora sono ottime e sembrano già pronte, quando ci cadono in testa mentre facciamo la doccia o siamo in fila all'ufficio postale.

Un consiglio che mi sono abituata a dare ai miei autori è di portarsi sempre dietro un taccuino. Potrà essere un diario, un quadernetto, un'agendina, una app o quel che vi pare, basta che ci si possa scrivere sopra. Non potete prevedere quando avrete un'intuizione, quindi è il caso di essere preparati. C'è però un problema: mettere su carta qualsiasi idea rischia di portarci a considerarle tutte, senza che avvenga una sana "selezione naturale". Se non le trascriveremo, le trame troppo vaghe o inconcludenti non sopravvivranno a lungo nella memoria.

Abituarsi a scartare trame imperfette non è semplice. Le sentiamo nostre, sono venute in mente a noi e vorremmo proteggerle. Anche questo procedimento di scelta migliora con l'esperienza: **dopo aver tentato di scrivere romanzi mai conclusi, ci renderemo conto di quali caratteristiche dovrebbe avere una premessa brillante**.

Per esempio, se giungere al finale sembra impossibile abbiamo un bel problema. Spesso ideiamo le basi e tutto appare perfetto: è una storia originale, mai sentita prima, che ci interessa e sulla quale non vediamo l'ora di lavorare. Eppure, manca del tutto il punto d'arrivo: come faremo a trovarlo? Potremmo finire a scrivere cinquanta capitoli per poi cozzare sul muro della conclusione, e allora avremmo sprecato un sacco di tempo.

Il punto di svolta, come nota Bernard Malamud nelle sue riflessioni sulla scrittura, c'è quando uno scrittore comprende il proprio immaginario. Non è un'operazione semplice: occorre una certa maturità personale per arrivarci, perché è un concetto legato alla nostra visione del mondo e alla personale filosofia di vita che abbiamo adottato. I tentativi dai quali partiamo sono passi verso questa consapevolezza, che non possiamo raggiungere prima del tempo ma che non raggiungeremo mai senza provare. A volte l'idea giusta ci sfugge perché non sappiamo riconoscerla, altre la catturiamo ma non siamo ancora in grado di svilupparla.

L'immaginario corrisponde al nostro modo, unico e soggettivo, di assegnare senso al mondo e al vivere. Sarà quel pizzico di noi che metteremo tra le pagine, volenti o nolenti, e che dovremmo imparare a dominare per trasmetterlo con efficacia.

Gli aspiranti scrittori sono in genere adulti, ma ciò non significa che abbiano compreso del tutto la loro visione del mondo; spesso, lavorando sui testi inediti, mi capita di intravedere temi che l'autore ha inserito senza alcuna consapevolezza. **Uno dei compiti di un editor è infatti far emergere la voce di chi scrive, anche attraverso ciò di cui parla o intende parlare.** Quei temi a volte sono controversi e l'autore stesso fatica ad accettarli: scrivendo mettiamo a nudo una parte fragile di noi e non sempre ne abbiamo davvero voglia. Lasciare però che emergano senza controllo può diventare pericoloso: l'editor dovrà avvertirci e saremo noi a decidere se intendiamo approfondire o meno.

In verità, non esistono metodi oggettivi e validi per chiunque. Lo scrittore impara a lavorare facendolo e riconoscendo le strategie che funzionano per lui. La costanza, per esempio, viene indicata spesso come indispensabile; del resto, se intendiamo vivere di scrittura dobbiamo esercitare questa attività in maniera regolare e continuativa. Abituarsi a scrivere ogni giorno, a una certa ora e per un certo tempo può essere utile, ma non tutti riescono a "funzionare" così. C'è chi non riuscirebbe mai a creare un intero romanzo senza preparare prima scalette dettagliate e chi invece le detesta e si blocca solo al pensiero.

Un consiglio prezioso per un aspirante, secondo me, è questo: sbaglia più che puoi. Finché sei nel tuo studio, davanti al tuo computer personale, non ci saranno problemi. Ogni errore ti insegnerà qualcosa; se saprai ascoltare, riuscirai a stabilire il tuo metodo e a seguirlo.

3.2 – LA MERAVIGLIA

Uno degli effetti che ha su di noi una "bella" storia è una sensazione di coinvolgimento emotivo talmente forte da farci venire voglia di creare qualcosa. Appena terminiamo di leggere, o di guardare, ascoltare o interagire, siamo travolti dal desiderio di far parte del popolo dei creativi, di lasciare anche noi una traccia che un giorno ispiri altre persone nello stesso modo. **La creatività è contagiosa: una specie di virus che ci infetta e poi ci tormenta, facendoci sentire male se non riusciamo a riprocessarlo tramite l'espressione del nostro bisogno**.

Creare ci dà soddisfazione. Anche adesso, mentre scrivo questa pagina, mi sento contenta; non è un romanzo, ma è mio. Ci ho pensato io, l'ho composto io e porterà il mio nome.

Quando incontriamo un prodotto dell'estro altrui, siamo curiosi. Se ci colpisce sentiamo un pizzico di invidia, una malinconia di fondo che sussurra: come mai non lo hai fatto tu? Non dite che non vi è mai capitato.

Spesso, uno scrittore nasce nel momento in cui ha finito di leggere un libro bellissimo. Circondarsi di opere interessanti è fondamentale per un artista: per questo, conta la ricerca di belle storie, qualunque sia il mezzo d'espressione usato per raccontarle.

Tutti noi esistiamo all'interno di un contesto socio-culturale, che ci influenza. Il modo in cui oggi ideiamo qualcosa non sarà identico a quello dei sumeri, perché è passato del tempo e il mondo è cambiato. Immaginarci come fonti isolate di creatività è assurdo e questa consapevolezza dovrebbe spingerci al continuo confronto.

Il senso di meraviglia che ci coglie al cospetto dell'arte, quindi, ci sprona alla creatività. Si tratta, se vogliamo, della categoria estetica del Sublime celebrata dal Romanticismo. Noi umani siamo da sempre alla ricerca di criteri oggettivi per definirlo, ma al di là di questo problema siamo in grado di comprendere la sensazione che ci investe in quei momenti. È interessante ricordare che il concetto di "Sublime" riguardava in origine più che altro il terrore, lo sconvolgimento del ritrovarsi di fronte a qualcosa di immenso e incontrollabile. Io mi riferisco al concetto kantiano di sublime matematico, che spinge la nostra mente a confrontarci con la grandiosità dell'esistenza, o al "senso di pena" che si traduce in "brivido e letizia" di cui parla Schiller. Schopenhauer, filosofo che ho studiato con grande interesse ai tempi della scuola, pensava che il Sublime fosse superiore al Bello: è il piacere dell'osservare qualcosa di così grande da poterci distruggere.

Potremmo interpretare questo concetto in vari modi, ma è in fondo ciò che sta alla base dell'arte. A che serve infatti l'opera artistica? Una domanda molto, molto difficile.

Prima di tutto, dovremmo capire di cosa stiamo parlando: cos'è l'arte? Potremmo definirla come un'attività umana mirata alla produzione di artefatti, che esprimono idee o capacità tecniche o entrambe le cose, e che suscitano apprezzamento per la loro bellezza estetica o emozionale. La sua utilità risiede nella possibilità di godere del "bello", o meglio di ciò che, in base alla nostra esperienza e personalità, riteniamo tale; ci permette inoltre di vedere che il dolore fa parte della vita e che lo condividiamo con i nostri simili; infine, offre una compensazione di ciò che cerchiamo ma non riteniamo di possedere. Potremmo essere attratti da storie felici per superare un periodo difficile, oppure sentirci interessati a trame che ci ricordano eventi traumatici che non siamo riusciti a superare ma che vogliamo rivivere, per farlo. Le opere artistiche di un'epoca esprimono una sorta di "coscienza collettiva" della società, che sintetizza tramite l'attività creativa una volontà di cambiamento o d'espressione.

Siete d'accordo? Potreste non esserlo, perché nuovamente devo ammettere che non esiste un'unica definizione e ciò che per me è arte potrebbe non suscitare in voi proprio niente. Non essendo qualcosa di misurabile o concreto, possiamo parlarne più che altro in termini astratti. Di conseguenza, definirne lo scopo è ancora più arduo: **se non sappiamo neanche cosa sia, come facciamo a decidere a che serve?**

Se dovessimo fissare come criterio la meraviglia, scopriremmo subito che non tutte le persone rispondono nello stesso modo a una specifica opera d'ingegno. Ci sono canzoni che mi commuovono ogni volta e mi spingono a chiudere gli occhi e perdermi nella mia mente, eppure mi è capitato di farle ascoltare ad altri senza che avessero le stesse reazioni. Com'è possibile? Esiste anche chi resta indifferente leggendo un classico della letteratura che ha toccato intere generazioni. Già, l'arte è soggettiva.

Come faremo noi poveri autori a suscitare meraviglia, se tutto è relativo? In effetti non possiamo decidere a tavolino di farlo, almeno non per chiunque. Non troveremo liste di elementi che una storia deve possedere per ottenere quell'effetto, però potremmo identificare un certo equilibrio tra le parti che è consigliabile inserire per ottenerlo almeno con qualcuno. Meglio di niente, no?

3.3 – LA SINCERITÀ

C'è una frase che ricordo bene e che non mi ha mai abbandonata, della prima valutazione professionale di un mio romanzo. Quando ho letto la scheda, con l'emozione che accompagna ogni autore pronto al primo giudizio competente, mi sono fermata e mi sono chiesta: cosa vuol dire? La frase era, testuale: *sei stata sincera, mi hai commosso.*

L'onestà nella scrittura non corrisponde per forza all'autobiografia. Possiamo narrare di mondi fatati, di cavalieri, fate e folletti, ma essere comunque sinceri. Racconteremo infatti di esseri umani, anche se il nostro protagonista sarà un gattino antropomorfo, e noi tutti condividiamo sentimenti, sofferenze e struggimenti tipici di ciò che siamo. Se il mio protagonista è un chirurgo che ha ucciso un paziente per sbaglio e io non sono un chirurgo, non ho mai ucciso nessuno e non mi troverò mai in sala operatoria da medico, potrebbe essere difficile per me immaginare come ci si senta in quella situazione; ma sono anch'io umana e conosco il fallimento, il senso di colpa, la paura di venire accusati. Gestendo l'introspezione dei personaggi facendola partire da me come persona, potrò ottenere emozioni credibili pur non raccontando di mie esperienze dirette.

Questo è il segreto di un consiglio dato di frequente agli autori alle prime armi, che recita: *scrivi di ciò che conosci*. Non vi stanno dicendo di evitare storie lontane dalla vostra quotidianità: se fosse lecito soltanto raccontare la vita dell'autore stesso, i romanzi sarebbero per lo più noiosi. Potete invece scrivere fantascienza o romanzi d'avventura pur essendo degli impiegati che amano una routine semplice. Un eroe epico, un elfo o un pirata sono comunque dei vostri simili, che amano, soffrono e sognano proprio come voi.

Nel saggio *Il grado zero della scrittura*, Roland Barthes si sofferma sul concetto di stile, definendolo come metafora: una sorta di ponte fra l'intenzione dell'autore e il suo modo personale di esistere. La forma che scegliamo per le nostre opere risente delle esperienze che abbiamo fatto nostre e ciò non sarebbe evitabile; se da un lato questo ci rende unici, dall'altro inserisce variabili involontarie che non saremo in grado di controllare fino in fondo.

A volte, infatti, capita di incappare in un dattiloscritto che contiene un segreto: l'autore non ci ha pensato, ma nella stesura ha rivelato qualcosa di profondo su di sé. Può essere un evento traumatico ancora non del tutto rielaborato, che magari gli impedisce di descrivere bene una situazione; oppure sarà un personaggio che rappresenta un genitore ormai defunto con cui non è mai riuscito a risolvere conflitti dolorosi, o qualcosa che fa intuire un orientamento sessuale che neanche lui stesso ha compreso in maniera consapevole e che ha espresso tra le righe. Quando mi succede di notare casi del genere, so che la discussione si farà complicata: gli autori potranno cancellare tutto o negare con convinzione. Certo, devo anche considerare l'ipotesi di aver frainteso, ma di solito ottengo una conferma. **Il nostro sentire più profondo scivola con facilità dal cervello alla penna, anche se non lo vorremmo**.

Da questi "incidenti" si può ricavare un'onestà genuina e interessante, sempre che la penna voglia rivelarsi così tanto a chi leggerà; sono convinta che, in particolare su questo discorso, la consapevolezza sia importantissima.

I conflitti non risolti possono però portare anche a un rifiuto netto o a una difficoltà nel trattare certi temi. Un autore potrebbe voler affrontare l'elemento emerso spontaneamente, ma non sempre ci riesce. È in questi momenti che il mio lavoro inizia a somigliare a quello dello psicologo: capita di parlarne a lungo, di esplorare insieme pensieri dolorosi e uscirne con qualche ferita.

Rileggere una bozza a distanza di tempo può facilitare questo processo. Saremo più distaccati e i temi che abbiamo inserito per errore potrebbero diventare il punto di forza della storia, o spingerci alla crescita personale.

Per il lettore, riconoscere la sincerità di chi ha scritto è un'esperienza che porta all'immedesimazione. Leggere di personaggi ingessati, artificiosi e ben poco umani non soddisfa nessuno e rischia di annoiare. Abituarci a trasmettere emozioni autentiche può essere difficile, ma è uno degli elementi principali per ottenere la meraviglia e far centro nel cuore di chi ascolta.

Neil Gaiman, autore di opere conosciute e deliziose, fa un discorso simile a questo durante i suoi interventi del corso online *Masterclass*, che ho avuto il piacere di ascoltare. Ogni storia, dice Gaiman, è in fondo una bugia. L'autore prende spunto dalle sue esperienze per fabbricarne di inventate: i personaggi non sono reali, non esistono e non hanno mai vissuto quelle situazioni, ma chi scrive ci racconta di loro fingendo che sia tutto vero. Grazie a queste bugie, i lettori impareranno qualcosa; **usiamo quindi la menzogna per trasmettere conoscenza ai nostri simili**. Nonostante ciò, il pubblico riesce a sentire l'onestà che si cela dietro la bugia: se l'autore sarà stato sincero, nel mentire, le esperienze che si è inventato partiranno dalla sua vita reale per divenire poi universali.

Ogni scrittore, specie se alle prime armi, teme il giudizio del mondo esterno. Condividere un pezzetto di noi è difficile e fa paura, ma soltanto facendolo, grazie alla bugia con cui sceglieremo di celarlo e proteggerlo, saremo sinceri.

Tutto questo poco c'entra con l'autobiografia: non stiamo parlando di riportare eventi reali, ma di usarli per costruirne di nuovi, di "finti", che servano allo scopo di raccontare la nostra visione del mondo. L'autore saprà di esserci riuscito se chi leggerà gli dirà: *hai proprio parlato di me*. Eh sì, in effetti siamo universali quando peschiamo dall'esperienza vera di un essere umano, e noi siamo le persone che conosciamo di più. Quando siamo specifici, ribadisce Gaiman, diveniamo universali. Quando mentiamo, parliamo di verità.

3.4 – COME UN EQUILIBRISTA

Un altro elemento fondamentale è il tema, da non confondere con la morale. **L'autore può non essere del tutto consapevole dei simboli che usa e a volte è bene che sia così**. Partire dal decidere un tema preciso prima ancora di aver scritto porta facilmente a bloccarsi o a fraintendersi. In genere, al contrario, esso emerge alla fine: potremo coglierlo grazie alle riletture o al confronto con il nostro editor.

Ogni buona storia ha un tema e ogni bravo autore ne inserirà uno nel suo romanzo. Una narrazione, infatti, non si limita a descrivere un insieme di eventi ma ha un'anima, per così dire. Costruendo la psicologia dei personaggi e il mondo della storia, chi scrive comunica qualcosa, e ciò accade anche nella narrativa meno impegnata. L'autore capace svela però il tutto in maniera sottile, un po' alla volta e attraverso i simboli, senza renderlo un palese insegnamento ma più che altro una domanda, una riflessione sull'esistenza, un modo di vedere la vita. Lo si avvertirà nel tipo di conflitto vissuto dai personaggi e da come la realtà (che è comunque fittizia) reagirà agli eventi. Ogni elemento messo in scena è frutto di una scelta, non del caso, e concorre a esprimere qualcosa.

Abbiamo poi il ruolo attivo del lettore, di cui già parlavamo, che non è automatico ma dev'essere concesso. **Un narratore invadente che specifica ogni dettaglio impedisce a chi legge di ricostruire la storia nella propria coscienza, di colmare i buchi con l'immaginazione**. Descrizioni eccessive o dichiarazioni rigide sui personaggi (come "Carlo era timido") restringono il ruolo di chi legge, fino a renderlo un mero spettatore.

Questo elemento può essere descritto con la formula del "2+2": se diamo subito il risultato, quattro, chi sta leggendo non dovrà effettuare nessun calcolo ma avrà la risposta già pronta e assoluta. Se invece lo spingiamo a riflettere, sarà più coinvolto.

Infine, non possiamo dimenticare la promessa. Ogni opera attira la nostra attenzione per qualche motivo: magari appartiene a un genere che ci piace, o ci sembra notevole fin dall'incipit. Se a metà ci ritroviamo delusi, perché il contenuto cambia all'improvviso discostandosi senza motivo da quello che sembrava, abbandoneremo la lettura o ci arrabbieremo. L'effetto sorpresa non è per forza un difetto e anzi a volte è un pregio, però va dosato e preparato con cura.

Facciamo un esempio concreto: un lettore potrebbe leggere volentieri un romanzo che sembra pieno di buoni sentimenti, tranquillo e rassicurante, ma poi diventa violento e cinico. Se però l'apparenza era solo un travestimento, quel romanzo potrebbe finire tra le mani di un lettore che davvero cercava solo i buoni sentimenti, e lo deluderebbe.

Questi (e altri) sono gli ingredienti per la creazione del capolavoro. Come a volte succede, la loro somma non corrisponde all'insieme finale. Servono talento, competenza e impegno, che andranno a condire l'impasto. Nessuno potrà mai fornirvi la ricetta precisa e gli ingredienti giusti: dovete essere voi a trovarli, e soprattutto ad aggiungere alla fine l'ingrediente segreto, cioè la vostra creatività personale.

I manuali di scrittura creativa che elencano tecniche e concetti non si contano. Sono utili da consultare, però hanno sempre un limite: una bella storia non si può costruire a tavolino, ma necessita di unicità. Certo, è saggio informarsi e studiare ciò che non si conosce, ma lo è anche rassegnarsi all'impossibilità della certezza. Non è detto che seguendo dei consigli riuscirete a sfornare un'opera meravigliosa, però potete provare.

Il bello, se ci pensate, è proprio questo.

4

LO SCRITTORE

S e qualcuno vi domandasse perché scrivete, cosa rispondere-
ste? Forse direste che lo fate per la fama o per il guadagno
economico. A chiunque piacerebbe essere facoltoso e riconosciuto per un talento speciale; diventare un autore che verrà letto
per generazioni e vive di scrittura può essere un bel sogno.

Oppure, direste che lo fate perché vi piace. Vi fa sentire bene,
vi diverte. Anche questo è un motivo diffuso e lecito: molti non
hanno grandi aspettative e desiderano più che altro venire letti da
qualcuno. Ricevere pareri e commenti sembra già un ottimo risultato.

C'è anche chi scrive per dire qualcosa di specifico: forse parlate
di argomenti poco comuni, che vi stanno a cuore e per i quali avete
intenzione di lottare, o che sono poco popolari.

Qualunque sia la vostra risposta personale, sappiate che **la scrittura
solitaria e privata è ben diversa da quella intrapresa per scopi professionali**. Lo scrittore che guadagna con le sue parole deve tener conto
di un elemento complicato: il lettore. Non conta dunque soltanto la
vostra motivazione e il vostro intento. Se non vi limitate a tenere un
diario segreto, avete lo scopo di condividere un lavoro ben fatto.

La relazione tra autore e lettore, però, è complessa. Se scriviamo gettandoci dall'altra parte, cioè pensando solo al pubblico e alle sue esigenze, finiremo per non essere mai onesti. Sarà sbagliato concentrarci esclusivamente sul potenziale guadagno economico, perché così facendo sceglieremo generi e temi in modo superficiale, seguendo l'onda del mercato che è capriccioso e sa essere crudele. La soddisfazione personale ha un peso e dobbiamo tenerla in considerazione, costruendo un equilibrio tra ciò che vogliamo comunicare e ciò che verrà recepito e ha delle possibilità di risultare interessante per gli altri.

4.1 – CONOSCERE PER CREARE

Chi ama scrivere, di solito, è una persona introversa. Preferisce una stanza silenziosa a una festa piena di gente e musica ad alto volume. Certo, questa è una generalizzazione; ma sembra sia difficile far capire agli aspiranti scrittori più schivi che per creare bisogna prima aver immagazzinato esperienze.

Di cosa potrà mai scrivere chi passa le giornate chiuso in casa? Come farà a mettere su carta dialoghi credibili se non parla mai con nessuno? La realtà è la prima fonte d'ispirazione e dovrebbe venire sfruttata fino in fondo. Serve prestare attenzione a conversazioni di cui siamo testimoni, o osservare le notizie del giorno, o ancora riflettere su come persone a noi vicine reagiscono nella vita quotidiana. Come si comporta un essere umano? Non è un concetto che ci sembra complicato, eppure creare personaggi credibili non è facile.

Chi viaggia per il mondo e vive esperienze diverse avrà un bagaglio culturale, sociale ed espressivo maggiore di chi evita ogni contatto con il mondo esterno. Non intendo dire che tutti gli aspiranti scrittori dovrebbero fare il giro del pianeta, ma uscire dal proprio paesino d'origine può essere determinante per accorgersi di quanto possano essere variegati gli stili di vita.

Un errore molto comune riguarda l'ambientare un romanzo all'estero per puro sollazzo personale, anche se di quel posto non conosciamo nulla. Finiremo per dire delle stupidaggini, perché non siamo mai stati lì e non abbiamo idea di come funzioni il contesto che volevamo descrivere. A volte basta fare delle ricerche, ma respirare l'aria di un posto è comunque più efficace.

Mi sono trovata spesso in mezzo a polemiche in cui gli autori pretendono di ambientare la storia dove pare a loro. Senza dubbio possono, ma rifiutarsi di tenere in considerazione il problema della credibilità è assurdo.

Ognuno di noi possiede una vita unica e ha vissuto in luoghi e contesti diversi; per un lettore sarà più interessante scoprire qualcosa su un paesino microscopico e sconosciuto, rispetto al leggere l'ennesimo romanzo ambientato a New York o a Londra dove però sono tutti evidentemente italiani, pensano da italiani, si comportano da italiani ed esistono in una società italiana al di là della città di cui si parla.

Da autori ci troveremo a dover parlare di questioni che non ci riguardano direttamente: un personaggio potrebbe esercitare una professione di cui sappiamo poco, oppure ci potremmo scontrare con procedure professionali (mediche, investigative, legali) complicate. In questi casi, occorrerà documentarsi. Io stessa ho contattato avvocati, dottori o psicologi per fare qualche domanda, per storie su cui lavoravo, perché è meglio farsi intraprendenti e rischiare di prendere una porta in faccia che improvvisare. I professionisti sono in genere divertiti da queste richieste e partecipano senza problemi, anche se dovremo avere pazienza e accettare dei rifiuti.

Non basta vivere; bisogna anche leggere, e tanto. Sarebbe facile pensare che un autore debba essere anche un lettore perché così sarà una persona colta e profonda, ma non è tutto qui. Conoscere bene il genere che abbiamo scelto ci aiuterà a evitare i luoghi comuni, per esempio, e aver letto narrativa lontana da quella che noi intendiamo produrre aprirà la nostra mente e fornirà idee.

Tutti quanti rielaboriamo le esperienze ed è grazie a questo processo che dopo siamo in grado di creare. Se non ci nutriamo di stimoli, avremo un'immaginazione arida.

La rielaborazione, tra l'altro, evita gli stereotipi. Se l'archetipo funge da base e aiuta a partire, lo stereotipo è invece un punto d'arrivo troppo facile e non produrrà effetti positivi. Sta a noi mescolare gli ingredienti in modo originale, usando la nostra voce unica, per produrre qualcosa che nessun altro potrebbe creare.

4.2 – DIETRO UNA PENNA

Lo scrittore è colui che scrive. Facile, no? Eppure, pare sia complicato giungere a una definizione con la quale tutti si trovino a concordare.

C'è chi si definisce così perché esercita l'atto della scrittura. Lo fa come hobby, senza averne un guadagno considerevole, senza grandi mire editoriali. C'è invece chi si rifugia nella pretesa che possa esserlo soltanto chi si guadagna da vivere grazie alle sue opere letterarie, cosa che restringe il campo in modo considerevole. Ancora, c'è chi sta nel mezzo e indica come scrittore solo chi viene riconosciuto come tale dagli altri, i lettori. Esiste quindi un modo duplice di intendere la questione: un riconoscimento che viene dall'interno (*io scrivo, quindi mi definisco scrittore*) e uno che viene dall'esterno (*devono essere i lettori, attraverso il loro apprezzamen-*

to, a riconoscermi come tale). Entrambi i lati, però, presentano un problema: **lo scrittore autoproclamato rischia di annegare nell'egocentrismo, mentre quello che attende di ricevere il titolo ufficiale potrebbe distruggere la sua autostima scontrandosi con un mondo poco attento alla sperimentazione.**

Non conoscere per niente il settore editoriale porta a idealizzare il mestiere e quindi ad aspettarsi un riconoscimento automatico, certo e netto, quando anche autori di successo vivono ogni giorno mille problemi riguardo al loro essere o meno "veri scrittori". Alcuni potrebbero essere amati dal pubblico, ma odiati dalla critica; in questo caso come li dovremmo definire? Chiunque di noi si immagina come un intellettuale apprezzato e riverito, ma il successo commerciale non è poi così sgradevole. In che modo ci sentiremmo, se qualcuno iniziasse a usare il nostro nome per fare l'esempio di un autore poco significativo che però piace alle stupide masse? Ci considereremmo comunque degli scrittori?

Vivere grazie ai diritti d'autore può essere una bella conferma, però è una circostanza rara. Il numero di libri pubblicati ogni anno continua a crescere, ma il numero di quelli venduti non aumenta. Ciò significa che ogni titolo vende sempre meno copie e che il singolo autore viene pagato meno. Tra l'altro, moltissimi degli autori "classici" non hanno mai guadagnato tanto e gran parte degli scrittori contemporanei hanno altri lavori con cui pagano le bollette. Se decidiamo che sia uno scrittore soltanto chi vive del guadagno proveniente dai suoi libri, il cerchio si stringe e include poca gente in tutto il mondo, senza contare che per rendere quel guadagno continuativo occorre sfornare sempre nuovi titoli, che si mantengano di successo. Se allora un autore vive di *royalty* per qualche anno ma poi deve trovarsi un altro impiego, smette di essere uno scrittore?

La reazione più comune a questo dibattito è di decidere da soli. Se scrivo, se amo farlo e lo faccio spesso, allora potrò definirmi come mi pare. Giusto, ma attenzione: la parola "scrittore" intesa in questo senso non porta con sé alcun significato particolare, né positivo e né negativo. Vantarsi di un titolo che ci siamo affibbiati da soli non serve a nulla e ci farà apparire presuntuosi.

Un altro problema pare essere legato alla definizione di "autore emergente". Chi sarebbe? A rigor di logica dovrebbe essere chi ha appena iniziato, quindi ha esordito e sta ancora facendo i primi passi nel mondo editoriale. Eppure, l'abitudine di definire emergente qualsiasi autore che pubblica con piccoli editori o in self è molto diffusa, anche se si tratta del trentesimo libro. I bookblogger hanno iniziato a creare addirittura categorie a parte per questo tipo di autori, finendo per ghettizzarli e indicarli come di scarso valore; molti non lo fanno con consapevolezza, ma continuo a domandarmi perché serva una categoria specifica per chi non ha un contratto con un grosso gruppo editoriale.

Non dimentichiamo infine il "giovane autore", definizione che mi fa sorridere perché non riguarda tanto l'età anagrafica quanto il livello di stima che si ha nei confronti di quel creativo. Se è alle prime armi, sarà giovane anche se ha cinquant'anni. Questo modo di considerare la giovinezza come difetto mi lascia molto perplessa: se sentiamo l'esigenza di definire giovane una persona che si avvia verso la mezza età solo perché vogliamo giustificare così la sua mancanza di uno strabiliante successo, la stiamo sminuendo.

Chi sia l'artista e quando ci si possa definire così è una questione che non siamo ancora riusciti a chiarire. Secondo me si tratta di un non-problema, a cui forse teniamo fin troppo perché desideriamo sentirci speciali. La soluzione che ho adottato è di dire "autore", parola più innocua. Se creo qualcosa, ne sono l'autore o autrice; su questo non possiamo che concordare.

Forse, la definizione che più trovo calzante di chi sceglie la via delle lettere parla di persone umili e arroganti nello stesso tempo: umili, perché nessun autore cresce senza accettare le critiche e mettersi alla prova; arroganti, perché per continuare bisogna crederci davvero.

4.3 – PERCHÉ SCRIVI?

Giorgio Manganelli non perdeva occasione per ironizzare sulla scrittura e sugli autori. Chiedendosi perché scriveva, decise che era perché non c'era altro che sapesse fare, e perché mentre tutti intorno a lui si adoperavano per vivere in modo onesto lui aveva trovato questo modo per fingere di partecipare alla società. La sua vocazione, aggiungeva, era giunta in risposta a un'inettitudine generale. Non essendo capace di allacciarsi le scarpe, aveva iniziato a comporre delle storie; attività che non richiede alcuna competenza nel lavoro manuale, che si porta avanti in solitudine e al riparo dal contatto umano.

Sempre per Manganelli, lo scrittore giovane sta lavorando a un fallimento senza esserne consapevole. Chiunque si definisca "scrittore", infatti, lo fa perché non ha ancora capito di non poterlo fare.

Come dicevamo, ognuno di noi ha motivazioni diverse. Se volessimo trovarne una in comune, che sta forse alla base delle altre, potremmo dire che scriviamo alla ricerca della *gloria*. Cosa esattamente ciò significhi per noi può variare (soldi, fama, approvazione, memoria), ma ogni significato riporta allo stesso concetto: **scriviamo per passare dal ricordo individuale a quello collettivo**. Non è detto che ogni aspirante sia un appassionato di filosofia, ma ogni essere umano è al contempo un animale sociale e una mente solitaria. Proviamo piacere nella creazione anche da soli, ma il vero significato arriva quando ci apriamo all'altro: a quel punto otteniamo un riscontro (riconoscimento, vantaggi economici e sociali, confronto, lodi, pareri di qualsiasi tipo, comprensione) e gli altri vedono quel che abbiamo prodotto.

Lo so, tra voi ci sarà subito qualcuno a cui il discorso non andrà a genio. Lo spettro della scrittura "per me stesso" è dietro l'angolo; ma siete sicuri di crederci?

La necessità di avere dei lettori (o spettatori, o ascoltatori) ci trascina in un paradosso. Scriviamo per esprimerci, per essere liberi di parlare senza venire interrotti, ma prima o poi mostreremo quel lavoro a qualcuno e tutto diventerà più difficile. Non capiranno, si azzarderanno a criticare e a dirci che potremmo fare diversamente, si approprieranno di simboli e significati snaturandoli e restituendocene una versione che non è più la nostra. Abituarsi allo smarrimento che segue il confronto è uno dei primi passi dello scrittore dilettante, forse il più difficile.

Il lettore, però, è l'inevitabile destinatario e il custode del significato che rimarrà. Se il nostro intento era di venire ascoltati, in fondo, non potremo lamentarci nel momento in cui succede, anche se non è proprio come credevamo.

Mi piace pensare che al primo momento di shock segua in genere la consapevolezza. L'autore che, pur alle prime armi, ha del potenziale, inizierà a incuriosirsi. Cosa non è stato compreso, cosa non va bene? Come può migliorare? Ho sentito parlare molto di questo atteggiamento come di umiltà, ma non concordo del tutto. Certo, ne serve una bella dose, ma dietro le domande c'è comunque un autore che si sente punto e intende superare la sgradevole sensazione. *Ho sbagliato? Bene, fammi capire perché e vedrai cosa combino poi.* Infatti, il percorso non è mai lineare: seguirà un periodo di assestamento, durante il quale ci sarà bisogno di mettersi in gioco ma anche di imparare a distinguere le critiche utili da quelle superficiali.

A mio parere, il cammino dello scrittore deve per forza passare da queste fasi. Ci saranno eccezioni che partono già con una grande consapevolezza di sé, ma in genere siamo tutti fragili, insicuri e bisognosi di certezze assolute che non arriveranno mai.

C'è purtroppo anche chi rimane indietro. Sono quelli che, dopo le prime delusioni, si trincerano nella scrittura "personale" come scusa per evitare il confronto. A loro va tutta la mia comprensione, ma quella di abbandonare la corsa è una scelta. **Siete liberi di scrivere per voi stessi; ma se è così, non avrete mai bisogno di pubblicare o di mostrare i dattiloscritti a qualcuno**.

Tempo fa ho condiviso su Instagram una citazione di Marc Connelly, che recita: "Meglio scrivere per se stessi e non avere un pubblico, che scrivere per il pubblico e non avere se stessi". Le reazioni alla condivisione sono state molte e diverse: da un lato, editori che si apprestavano a far notare come il consiglio fosse deleterio; dall'altro, aspiranti fieri di potersi dire d'accordo. Qualcuno mi ha chiesto: *ma se continui a dire che scrivere per me stesso è una stupidaggine, perché l'hai condivisa?* Bene, ve lo spiego subito.

Su quale sia il problema della scrittura personale ho già detto la mia. Bisogna aggiungere però che accettare di avere dei lettori non vuol dire per forza vendersi, abbassarsi a scrivere di un tema che non si sente proprio in nome dei soldi. La capacità di incontrare il pubblico fa parte delle competenze che lo scrittore deve possedere, altrimenti non concluderà nulla e il suo messaggio rimarrà inascoltato. Non nascondiamoci dietro le masse stupide che non capiscono niente, suvvia. Sarebbe troppo facile.

Questa competenza è difficile da conquistare, ma proprio per questo ci rende degli autori in gamba. **Essere in grado di mantenere la nostra voce ma averne una che sia interessante è ciò a cui dobbiamo puntare**.

Per questo ho condiviso la citazione: per me, significava che occorre essere onesti ma anche bravi. Mi sembra un ottimo consiglio.

4.4 – SI DEVE PUR MANGIARE

È facile sentirsi buoni e giusti sostenendo che lo scrittore, essendo un adepto dell'arte, dovrebbe essere libero di esprimersi come vuole, ma senza mai guadagnarne nulla si arrenderà, oppure morirà di fame. Lo stesso discorso vale per gli editori: ci vuol poco a dire che dovrebbero avere a cuore la letteratura e la cultura, però una casa editrice è pur sempre un'azienda che ha bisogno di fatturare, altrimenti fallirà e smetterà di esistere. Se chiude non potrà tutelare la buona narrativa, non credete?

Parlando con operatori editoriali e con autori, mi sono sentita dare risposte molto diverse. Qualcuno insiste nel dire che un vero scrittore non si preoccupa mai dei soldi o del successo: scrive e basta, senza aspettative, perché avverte l'esigenza di farlo. Questa visione è poetica e mi è capitato di conoscere autori che proprio partendo da un atteggiamento umile sono arrivati in alto. Ciò non significa che desiderare un compenso vi renda delle brutte persone.

Molti aspiranti, al contrario, finiscono per incattivirsi a forza di ricevere rifiuti e decidono di scrivere fesserie perché il mercato accetta solo prodotti di basso livello. Ne ho visti moltissimi provare, ma nemmeno uno ha ottenuto quel che cercava. Se devo essere sincera mi chiedo ancora se possa essere un modo per emergere, almeno all'interno di una certa narrativa, ma ho dei dubbi. I romanzi di fama internazionale, a cui oggi guardiamo con un certo snobismo perché li categorizziamo come "paraletteratura" o narrativa di serie B (qualche esempio? *Twilight*, o *50 sfumature di grigio*, o ancora *After*) sono nati in modo spontaneo. Gli autori non hanno deciso di diventare ricchi producendo stupidaggini; credevano nelle loro storie e si sono impegnati nella stesura, nella promozione e nel lavoro che li ha resi celebri. **Possiamo essere disgustati da certi titoli, ma, al di là delle nostre preferenze o di ciò**

che consideriamo letterario, i bestseller non vengono ideati a ta-volino. Se fosse possibile farlo, gli editori non vedrebbero l'ora; ma per quanto molti ci provino, le opere che hanno un reale successo sono quelle costruite con emotività e impegno, e hanno commosso e colpito sul serio schiere di lettori. Un'eccezione potrebbe essere il percorso dei libri-gadget, cioè quelli legati al brand di un personaggio famoso, ma qui mi riferisco alla narrativa.

Ricevere un rifiuto o una valutazione molto critica può scoraggiare, ma dovrebbe sempre portare al desiderio di migliorarsi. Un autore che si limita a insistere compiendo gli stessi errori, considerandoli parte del suo stile personale, non riuscirà mai a farsi prendere sul serio. Una tendenza che ho notato è di intestardirsi nel considerare ogni suggerimento come indice di interesse commerciale: se l'editor dice di evitare scene lunghe e noiose, l'autore ingenuo si convincerà che la sua arte non venga compresa e che tutti, in editoria, pensino solo al denaro e alla vendita facile. Posso capire le prime resistenze, ma se alla terza valutazione riceviamo le stesse critiche e non ci poniamo una domanda è un guaio.

D'altro lato, non è del tutto falso che la grande editoria tenda a mettere al primo posto il guadagno economico. Fanno discutere le continue pubblicazioni di personaggi famosi che non hanno in realtà una storia da raccontare, ma che venderanno per il loro nome. La produzione dei libri-gadget, appunto, dal valore letterario di un album di figurine, non dovrebbe sconvolgerci perché fa parte del lavoro imprenditoriale di un'azienda, ma bisogna ammettere che sta diventando un po' eccessiva. Nello stesso tempo fa sorridere che gran parte dei lettori, nonostante si lamenti costantemente di questa situazione, continui a preferire l'acquisto di titoli sfornati dai grandi marchi, dimenticando l'esistenza di un'editoria piccola e indipendente che in Italia sta fiorendo. **Ciò che un editore generalista sceglie di pubblicare non dipende infatti da mistiche forze**

fatate ma dai numeri del mercato, e il mercato si orienta in base al gusto dei consumatori, che siamo noi. Se a ogni lamentela su Fabio Volo corrispondesse una vendita di un bel titolo dal catalogo di un piccolo editore, probabilmente i grandi generalisti dovrebbero iniziare a costruire offerte diverse. Ci avete mai pensato?

Ma allora cosa potremmo consigliare a un aspirante scrittore, confuso da questa dicotomia tra soldi e arte? Il mio consiglio sarà scontato, ma credo sia l'unico possibile: l'equilibrio è sempre la scelta più sana.

5

L'ARTISTA COME PERSONAGGIO

N on possiamo dimenticarci di chi, per mestiere, in fondo non fa che narrare se stesso. È il caso, come dicevamo, degli influencer: più che artisti sono intrattenitori, ma siamo certi che l'intrattenimento non c'entri nulla con l'arte?

Nel mondo del capitalismo, dell'imprenditoria, della produzione matta e disperatissima, i numeri contano. **L'idea dello scrittore chiuso in una camera buia a fumare la pipa e a riempire pagine di arte solitaria e perfetta, pur essendo romantica, è superata. Oggi, per avere successo occorre avere successo**.

Anche per chi non partecipa in prima persona al palcoscenico dei social è divenuto utile stringere rapporti continuativi con chi invece è celebre su internet. Pubblicare un romanzo per poi non interagire con nessun bookblogger, booktuber o bookstagrammer (io li chiamo, con affetto, "bookqualcosa", più che altro per rispettare la realtà variegata delle categorie senza escludere nessuno) vuol dire rimanere nell'oblio, perché i lettori cercano consigli da loro più che dalle pagine di testate autorevoli e riconosciute. Qualche scrittore più o meno celebre può permettersi di evitare questi meccanismi, però si tratta di realtà in forte espansione e penso proprio che a breve saremo sul serio tutti lì, magari neppure più su Instagram ma su Tik Tok (il nuovo social frequentato, al momento, dai giovanissimi), a mandare al diavolo ogni parvenza di snobismo e a improvvisare balletti nella speranza di farci notare.

Ma come funziona, insomma? Nasce prima lo scrittore o il creatore di contenuti?

5.1 – LA NECESSITÀ DI UN PUBBLICO

Do molta importanza all'osservazione del lettore in libreria. Mi ritrovo ogni tanto a far loro da stalker: fingo di star sfogliando un libro lì vicino e intanto studio come si muovono, cosa prendono in mano e come reagiscono a una determinata copertina. Lo faccio anche alle fiere, o davanti alle bancarelle dei libri usati, e mi capita di notare comportamenti significativi. Per esempio, il venditore tende a informare sulla biografia dell'autore, più che sulle trame.

Se un lettore sembra interessato, gli si dirà che quello scrittore lì ha vinto dei premi, che ha già altri romanzi di successo, che ha un blog con un certo numero di seguaci. Non lo fa ogni libraio, ma in molti sì. E funziona: il lettore annuisce pensoso e valuta se quell'autore è abbastanza in gamba da meritare tempo e denaro.

La fiducia cieca nei confronti del successo già stabilito è ingenua, forse, ma facile. Del resto, di un esordiente sappiamo poco e il rischio di rimanere delusi è alto. Se invece amo Stephen King e leggo su una fascetta che quest'altro è "il nuovo King italiano", mi sentirò rassicurata.

La necessità di un pubblico è una questione ancora scottante. **Gli aspiranti, giustamente, urlano a gran voce che se nessuno darà loro una possibilità non potranno mostrare di cosa sono capaci;**

gli editori, dall'altra parte, hanno una grande vastità di scelta e tendono a selezionare chi può garantire un certo numero di vendite. Questo non vuol dire che rifiutano qualsiasi esordiente, ma anche nella scelta dell'autore nuovo viene valutato il suo potenziale a livello di seguito.

Farsi conoscere non passa per forza da YouTube; un consiglio che viene dato spesso è di inviare racconti alle riviste, di partecipare ai concorsi più importanti (come il Calvino) e di frequentare il mondo delle lettere, andando alle presentazioni e parlando con editori e autori. Di certo è una strategia che funziona molto più della ricerca di una raccomandazione immediata e utopica o del vero e proprio stalking che alcuni aspiranti mettono in atto nei confronti di autori già pubblicati da ottimi marchi editoriali.

Come sostiene Alberto Cadioli nel suo saggio *La ricezione*, la letteratura possiede tre aspetti costitutivi: l'atto di scrittura, la condivisione con un pubblico e la ricezione del testo. Tutti e tre sono indispensabili: se non scriviamo non produciamo niente, se non pubblichiamo non siamo raggiungibili, se non veniamo letti non potremo essere ascoltati.

Mi sono sentita dire (troppo) spesso che tanti autori non hanno fatto niente per costruirsi un pubblico, eppure sono diventati famosi. Questi esempi riguardano tempi passati, in cui il mondo era diverso, oppure casi eccezionali. La famosa sindrome del "ma Camilleri lo fa" (o meglio "lo faceva", ormai), di cui ho parlato tanto in video o articoli, è diffusissima tra chi vuole scrivere; per quanto seguire un buon esempio sia lodevole, però, bisogna pensare a noi stessi e non pretendere che l'eccezione divenga una regola.

L'aspirante scrittore che ripudia la rete e si nasconde potrebbe, per un colpo di fortuna o per un talento davvero significativo, farsi notare comunque, ma è improbabile. Possiamo scegliere di sederci e aspettare di diventare famosi per magia, oppure lavorare per raggiungere un obiettivo. A voi la scelta.

I no degli editori, o più di frequente i loro silenzi, vengono sempre giudicati in maniera negativa. Immaginiamo un imprenditore crudele e calcolatore, in contrapposizione all'artista sincero e senza possibilità. Ma è davvero così?

La storia dei rifiuti celebri non ci aiuta a cambiare idea. Le vicissitudini della saga di *Harry Potter*, l'esempio più citato in assoluto, non rappresentano un caso isolato: anche Svevo, Proust, Moravia o Saramago hanno dovuto fare i conti con quei no. La domanda "quanti libri meravigliosi ci siamo persi, per questo?" non è poi così azzardata, anche se dovremo ammettere che quegli autori, nonostante le difficoltà iniziali, sono poi riusciti ad affermarsi ugualmente, proprio per la forza delle loro opere.

I professionisti dell'editoria ripetono sempre che un buon libro prima o poi troverà il suo editore. Incoraggiamento forse debole, ma realistico: il problema, semmai, è che potrebbe accadere dopo la morte (questa volta letterale) dell'autore. Non tutti si accontentano della gloria post-mortem, dunque sentirsi afflitti e incompresi è una condizione molto comune tra gli aspiranti.

Un caso che considero davvero toccante è quello di Guido Morselli, morto suicida nel 1973. La sua produzione letteraria venne ritrovata dagli eredi in un cassetto, dentro una cartellina grigia con sopra disegnato un fiasco. Solo due dei suoi saggi erano stati pubblicati, uno da Garzanti e un altro, a pagamento, da Fratelli Bocca. A ciò si aggiungono altri saggi su delle riviste, ma per il resto Morselli ottenne solo rifiuti. Nonostante Calvino avesse iniziato una corrispondenza con lui, e al di là delle discussioni che ogni sua proposta scatenava nelle redazioni di Mondadori, Einaudi o altri, nessuna delle sue opere di narrativa venne selezionata per la pubblicazione. Una volta, il miracolo stava per succedere: Rizzoli si era sbilanciata, ma subito dopo ci fu un cambio di dirigenza e la proposta sfumò.

Oggi potete trovare i suoi romanzi nel catalogo di Adelphi. Ne sarebbe felice, immagino. Allora occorre morire, per venire pubblicati?

Dopo gli anni Ottanta, gli editori italiani iniziarono a soffrire di una certa mancata identità: la rincorsa del successo veloce, un editing meno maieutico e più indirizzato alla semplicità e la ritrosia per la sperimentazione allontanarono la figura dell'editore letterato e disposto a guidare il giovane autore inedito. Questo cambiamento non fece che aumentare la quantità di storie lodevoli rifiutate, dando sempre più spazio all'editoria indipendente, più piccola e più libera di rischiare, alla quale gli autori meno conformisti iniziarono a rivolgersi con frequenza. La necessità del lancio iniziale di ogni uscita e il legame con il mondo del giornalismo, della pubblicità e della televisione aumentò durante gli anni Novanta, e nel frattempo il numero degli aspiranti scrittori si moltiplicò a dismisura. La complessità del contesto contemporaneo è la prima causa di una difficoltà che esiste da sempre, ma che oggi diventa quasi un limite insormontabile: per venire pubblicati serve farsi notare, in un modo o nell'altro, altrimenti sarà difficile.

Bisogna anche considerare, però, che **l'accesso al mondo editoriale è ai nostri giorni molto più facile rispetto al passato**. Grazie alle autoproduzioni, che non implicano più pagamenti per la stampa, e grazie al culto dell'esordio (ormai un po' fuori moda, se vogliamo, ma ancora presente), per non parlare della rete che permette a chiunque di esporsi, un autore nuovo ha grandi possibilità di venire notato. Se un tempo era necessario introdursi in un certo ambiente per emergere, ormai possiamo farlo anche senza il permesso di qualcuno. La concorrenza è immensa, è vero, ma abbiamo la possibilità di tentare.

Grazie a internet possiamo documentarci fino in fondo e scoprire le piccolissime realtà che potrebbero, magari, prenderci in considerazione. Il numero dei micro editori in Italia è in costante crescita, questione bizzarra ma causata, a mio parere, da una certa tendenza all'improvvisazione; però l'autore aspirante potrà trovare spazio presso una di queste micro case editrici, a meno di non aver prodotto una totale schifezza. A forza di provare, se un romanzo è valido, anche se sperimentale, poco vendibile o folle, verrà accettato.

Decidere chi detenga l'autorevolezza per distinguere i titoli "pubblicabili" da quelli che dovrebbero rimanere inediti è un'impresa ardua. Credo di poter dire che oggi la confusione editoriale abbia origine proprio dalla perdita di una bussola; gli editori puntano al successo, gli autori insistono senza mettersi in discussione e la micro editoria pubblica senza discernimento. Il lettore, che potrebbe a questo punto assumersi la responsabilità della selezione, partecipa in modo pigro e poco "letterario", preferendo il prezzo più basso, l'autore con il nome più familiare, la pubblicazione su misura. Non in assoluto, ovviamente, e questo vale per tutte le categorie; se però ci fermiamo a riflettere, quella che identifichiamo come "decadenza editoriale" nasce proprio da questi atteggiamenti.

La delusione cocente che viene dal rifiuto è inevitabile. **Mettendoci in gioco, ci rendiamo vulnerabili e speriamo sempre di cavarcela al meglio, non dovremmo negarlo**. Qualsiasi autore invia una proposta augurandosi di ottenere un contratto. Eppure, imparare che i no a volte servono aiuta a migliorare.

Chi potrebbe offrirci un rifiuto sensato rimane un problema; un'altra *skill* indispensabile è la capacità di leggere le valutazioni ricevute e inserirle nel giusto contesto. Esiste infatti un altro tipo di delusione d'autore, opposto all'eccessiva testardaggine: confrontarsi con i no o con le critiche porta alcuni, forse più sensibili, al totale scoraggiamento. A volte basta leggere una recensione colma d'entusiasmo per un romanzo scritto da altri per sentirci degli incapaci e pensare di lasciar perdere. Immaginiamo che esista lo "scrittore nato", capace di collezionare approvazioni e successi senza alcuno sforzo, mentre noi ci sentiamo elencare i difetti di un dattiloscritto su cui lavoriamo da anni. Questa sensazione è insita nella mente e nel cuore di qualsiasi artista capace; anche i più grandi l'hanno provata e la provano.

L'autore piagnucolante, bisognoso di attenzioni e accudimento, rischia di venire abbandonato da editori e professionisti perché si rende ridicolo. L'unica arma che può salvarlo è la consapevolezza: conoscere ci permette di capire e proteggerci da truffe, inganni ed errori fatali. La comprensione della realtà ci guida verso gli obiettivi che ci siamo posti, mentre l'ingenuità porta a inciampare più e più volte.

5.2 – L'UFFICIO STAMPA DI OGGI

La figura dell'addetto all'ufficio stampa è per molti un mistero non risolto. Cosa fa, a che serve? Nella micro editoria, questa mansione è in genere assorbita da un'unica persona che si occupa un po' di tutto, dunque la maggioranza degli aspiranti autori non la conosce per niente.

L'ufficio stampa ha il compito generico di "far parlare del libro". Si occupa di contattare le testate, cartacee o digitali, e intrattiene rapporti con le personalità della rete per raggiungere il pubblico dei lettori. Può organizzare eventi, presentazioni, serate a tema, e a volte accompagna l'autore finendo a fargli un po' da babysitter. Redige i comunicati stampa, ma per lo più telefona a destra e a manca per ottenere una recensione. Come avrete intuito, per lavorare in questo campo è necessario possedere ottime competenze relazionali e intrecciare rapporti con giornalisti, direttori di testate o con chiunque possa dare visibilità al titolo che si sta cercando di promuovere.

Le case editrici più grandi, che hanno una struttura di tipo aziendale, hanno del personale fisso che si occupa soltanto dei libri di quel catalogo specifico. Ormai il lavoro redazionale viene sempre più esternalizzato, perciò capita che invece l'editore ingaggi un'agenzia freelance che lavora per più editori in contemporanea, specialmente se l'azienda è troppo piccola per potersi permettere una serie di dipendenti.

Anche gli autori, sempre più spesso, ricorrono a uffici stampa privati per farsi dare una mano. Gli editori pubblicano tanti titoli ogni anno, quindi non puntano su ognuno di essi ma selezionano in base alla strategia del momento; non sono pochi quelli che, pur avendo pubblicato con un buon marchio, si sentono soli nella promozione. Se hanno ricevuto un anticipo, spesso lo investono in una campagna promozionale con la speranza che il loro libro venda molto.

È importante specificare che lo fanno in tanti, perché **l'idea che un grosso editore promuova tutti a profusione è diffusa ma errata**. Al contrario, le lamentele da parte di autori che hanno ottenuto contratti di alto livello sono le più affilate e dolenti: proprio non si aspettavano di rimanere così soli, ma è successo.

Quello della promozione è un momento delicato, in cui l'autore si ritrova confuso e in preda alla preoccupazione. Il libro resiste per un brevissimo tempo sugli scaffali delle librerie, dunque non si può aspettare: bisogna "lanciarlo", preparare un tour, serve che lo scrittore partecipi in modo attivo e si spenda per far parlare di ciò che ha scritto. Quasi tutti affrontano quel periodo con ansia, perché dal risultato dipenderà poi un possibile nuovo contratto con lo stesso editore, senza contare che il successo chiama successo, quindi partire bene è determinante.

Bisogna dire che anche investendo in un ufficio stampa privato non esistono garanzie. La risposta di testate e blogger non può essere automatica e dipende da molti fattori; può capitare che la campagna non sia efficace e che l'autore si penta di aver speso dei soldi per avviarla.

Sempre più, chi scrive deve occuparsi in prima persona anche di tutto ciò. Ormai possiede i mezzi che servono e può lavorare per contattare potenziali recensori in modo diretto. Una buona agenzia di promozione, però, rimane insostituibile.

Gli editori più piccoli, magari nati da poco, in genere non portano avanti delle attività paragonabili a quelle di un ufficio stampa vero e proprio. Non possono, perché non hanno fondi e mezzi sufficienti, e più che altro provano a contattare blogger già conosciuti o testate locali, facili da raggiungere. I giornalisti si lamentano parecchio del numero immenso di richieste che ricevono ogni giorno e ascolteranno più facilmente voci autorevoli, rispetto all'anonimo redattore che chiede loro di recensire un esordiente assoluto.

Tutto questo discorso vi sembrerà una tragedia, immagino. In un certo senso lo è: **il numero altissimo di uscite impedisce che l'autore venga seguito con empatia e cura, anche all'interno di grandi realtà**. Non è detto che sarete da soli, ma dovrete comunque cavarvela usando le vostre forze. Saperlo, secondo me, è utile; ho perso il conto degli autori delusi che mi hanno contattato per esprimere il loro dolore, dopo aver vissuto questa situazione. Voi non lasciatevi abbattere: provate a controllare prima in che modo quell'editore si muove da questo punto di vista, ma nello stesso tempo siate pronti a muovervi voi stessi, in ogni caso.

Un punto controverso, ma che ritengo necessario aggiungere, riguarda l'aggiornamento e la capacità degli uffici stampa di relazionarsi con la rete. Come già dicevo, internet fa ormai parte della nostra vita, e sarebbe impossibile negarlo o sminuirne l'utilità. Proprio per questo, tanti lettori si affidano ai blogger, o in generale agli influencer del mondo letterario, per scegliere quali titoli comprare.

Si parla allora di bookblogger, booktuber, bookstagrammer e

chi più ne ha più ne metta. Ognuna di queste figure, alcune con numeri piuttosto alti e dunque con un'influenza anche maggiore rispetto alle testate giornalistiche, parla di libri in modo diverso. Su Instagram si punta sulle fotografie, per esempio, o sulle "storie" brevi che scompaiono dopo ventiquattro ore, mentre sui blog resistono le recensioni più complete e approfondite.

Ebbene, purtroppo l'esperienza mi ha insegnato che troppi uffici stampa non sono proprio bravissimi, nell'entrare in contatto con questi bookinfluencer. La mancanza di un codice specifico da rispettare impedisce l'esistenza di vere e proprie regole: si tratta di lettori comuni che hanno scelto di condividere una loro passione online. Non vengono retribuiti e non hanno obblighi, se non quelli legati alla buona educazione o all'etica personale. Le case editrici non sono sicure di quale comportamento adottare nei loro confronti: andranno trattati con garbo e rispetto, un po' come se fossero dei giornalisti, oppure possono venire sfruttati senza pietà e usati come macchinette spara-recensioni gratuite?

Questo imbarazzo crea una marea di polemiche, specialmente su Instagram, di cui si discute quasi ogni giorno. Anche realtà editoriali medio-grandi rischiano di fare delle gran brutte figure, pretendendo con toni irosi solo pareri positivi, o ignorando delle e-mail, o ancora nella scelta di chi considerare per l'invio di copie omaggio o partecipazione a eventi.

Personalmente, ritengo che questo aspetto del mondo libresco sia ancora in crescita. Le case editrici maggiori sembrano essere "vecchie", cioè poco aggiornate sul mondo digitale e sulle possibilità (immense, gratuite, veloci) che esso offre per il loro lavoro.

D'altra parte, le collaborazioni con gli autori "emergenti" non sono in genere migliori: chi scrive ma non frequenta l'ambiente social prova a inviare copie chiedendo pubblicità senza capire che dall'altro lato c'è una persona, un lettore, con le sue preferenze e una sua dignità da essere umano.

La soluzione a questi problemi sarebbe semplice, in teoria: basterebbe informarsi e seguire le attività dei "bookqualcosa", come li chiamo scherzando, per capire e agire al meglio. Eppure, pare non sia così semplice. Da autori, in ogni caso, sappiate che richiedere recensioni senza nemmeno sapere come si chiama la persona a cui scrivete non vi porterà a nulla di positivo.

5.3 – CRITICI O RECENSORI?

La comunità italiana che parla di libri in rete è più piccola di quella americana o inglese, ma è florida e piena di voci diverse, nonostante rimanga frammentata.

Purtroppo mi è capitato di notare che gli aspiranti la conoscono poco. Sui forum di discussione ho visto elenchi di nomi finalizzati soltanto all'invio cieco di e-book e copie cartacee, che gli autori a volte invierebbero davvero a chiunque pur di ottenere un secondo di visibilità. Questo atteggiamento ha portato diversi creatori di contenuti a rifiutare del tutto i contatti di esordienti o autori in generale. **L'insistenza, la maleducazione e l'aggressività fanno davvero paura e, purtroppo, sono qualità diffuse**.

Nel contempo, oggi più che mai l'editoria si è accorta del valore che queste persone hanno e, come appunto accennavo, sono nate infinite discussioni al riguardo. Un video in cui si parla bene di un dato romanzo, quando la persona che lo gira ha migliaia di fan disposti a comprare in seguito a un suo consiglio, vale più di una pubblicità su una testata autorevole e riesce a smuovere le vendite più di qualsiasi mezzo. Questo valore è però problematico: se si parla di vendite, sarà opportuno pagare in cambio della recensione? E quella recensione, se pagata, potrà ancora essere libera?

Molti hanno iniziato con autentica passione e si sono ritrovati in breve sepolti dagli invii, sia da autori e sia da editori. La gestione di un'attività nata come hobby e diventata ben presto quasi soffocante non è semplice: alcuni abbandonano canali avviati, altri ne approfittano per guadagnare qualcosa anche solo vendendo le copie che ricevono gratuitamente, altri ancora chiedono un piccolo compenso agli scrittori in cerca di visibilità o usano le affiliazioni di Amazon o IBS, attirando le ire dei librai. La domanda imperante, in ogni caso, rimane una: questi bookinfluencer hanno il diritto di criticare i libri e influenzare le vendite? Che ci riescano è un fatto, nonostante spesso i giornalisti cerchino di negarlo.

La dicotomia tra il mondo di internet e la critica letteraria "accademica" esiste e probabilmente continuerà a crescere. La critica, dal canto suo, tende a volte a rimanere cieca davanti ai nuovi mezzi di comunicazione. Ho sentito parecchi discorsi divenire attacchi a personalità del web, tacciandole di essere soltanto ragazzini che dalla cameretta straparlano di letteratura; sarà, eppure i numeri hanno un peso e quei ragazzi (che spesso non sono poi così giovani, tra l'altro) sono capaci di farli crescere un bel po'. Certo, una recensione non riguarda il lavoro del critico e le classifiche non dovrebbero essere il primo interesse del dibattito letterario; ma fingersi indifferenti alle vendite sarebbe sciocco. Gli editori inviano più copie omaggio agli influencer, ormai, rispetto a quelle che inviano a testate o esperti, semplicemente perché così sanno di avere più possibilità di guadagno.

Da un lato, se ci pensate, questo movimento è positivo: offre l'opportunità di condividere una passione, aiutare il mercato del libro e stimolare la discussione tra lettori, in maniera libera e indipendente, gestita come il singolo personaggio decide. Dall'altro, la domanda resta: è giusto che a influenzare chi compra sia una persona a caso, senza qualifiche particolari, senza competenze che permettano di valutare i libri "come si deve"?

A mio parere, il problema non riguarda proprio questo. La libera recensione, diritto di ogni lettore, non è in sé negativa, nemmeno quando è ingenua e povera di contenuti. Se è vero che gli spettatori tendono a preferire video, post o articoli veloci, in cui sfilano un sacco di copertine e poco viene detto su ogni titolo (come nei *bookhaul*, in cui ci si limita a mostrare tutti i libri ottenuti nell'ultimo mese, senza averli letti), è anche vero che i lettori hanno libertà di scegliere chi seguire, e che, in fondo, se compreranno qualcuno di quei romanzi la cosa non ammazzerà nessuno. Io sono preoccupata dalla possibilità che tutto ciò divenga un'attività economica vera e propria, retribuita dagli editori e dunque meno libera.

Mi spiego meglio: in genere, chi recensisce venendo pagato lo fa per una specifica testata. Un giornale, per esempio, paga un giornalista per scrivere l'articolo; se questo articolo è la recensione di un romanzo, chi scrive non viene pagato dall'autore, o dall'editore che ha messo in commercio il libro, ma dalla testata che pubblicherà l'articolo. Questo garantisce (o almeno dovrebbe garantire) la neutralità: la testata prende le sue decisioni riguardo alle voci che intende far parlare sulle sue pagine e se ne assume la responsabilità. Se l'editore, o l'autore, sarà contrariato da una stroncatura, il giornalista non dovrà temere di venire licenziato. Il suo "capo" è un soggetto terzo, che non ha interesse nei confronti di quel titolo in particolare.

So già cosa mi direte, a questo punto: e le raccomandazioni? E i favori? Ovvio, ci sono, come in ogni settore, ma questo meccanismo è la soluzione più adeguata per limitarli, appunto.

Pensate come sarebbe se gli editori retribuissero chi recensisce i libri editi da loro stessi. Proviamo a non scadere nell'ingenuità totale, ritenendo che un editore offra un compenso per ottenere un parere sincero (da parte, tra l'altro, di un lettore senza titoli né autorevolezza accademica); c'è chi è interessato e a volte si crea un bel rapporto tra i blogger e le case editrici, ma ciò che viene richiesto è la moneta dei nostri tempi, cioè la preziosa visibilità.

L'editore, quindi, fa uno sforzo per ottenerne un po'. Contatta il *creator* già affermato, gli offre qualcosa, e spera in un risultato (economicamente) positivo. Per ora, offre una copia gratuita del libro. Nel nostro esempio, invece, aggiungerebbe una cifra in denaro.

Su questa cifra, l'editore valuterà il rapporto costo-guadagno: quante copie verranno vendute grazie all'investimento? Al prossimo giro, poi, si comporterà di conseguenza. Chi ha portato a più vendite?

Il creatore di contenuti coinvolgenti, che ha un suo pubblico affezionato e che è riuscito a ottenere click e vendite reali, sarà avvantaggiato. Ma cosa succederà a quello che magari ha stroncato il romanzo, con una recensione sincera, non facendosi influenzare dal pagamento? Be', è probabile che l'editore, tirando le somme, lo segnali come problematico. Non converrà puntare su di lui, perché sarà meglio ottenere recensioni positive. Il filtro della testata che si assume la responsabilità non c'è più: il recensore problematico dovrà scegliere tra il guadagnare meno, magari soltanto da editori che accettano più facilmente stroncature perché hanno più soldi da investire in perdita, e il proseguire l'attività economica riuscendo in effetti a guadagnarci.

Questo discorso fa arrabbiare stormi di influencer, offesi da quanto si dia per scontato che la loro onestà sia così ballerina. Davvero pensiamo che pochi euro possano portare un lettore pieno di passione a svendersi? No, per carità. Infatti sono convinta che in molti rifiuterebbero e continuerebbero a recensire per puro amore della lettura; ma in quanti, invece, approfitterebbero della situazione? Chi potrebbe davvero vivere di questo mestiere sarebbe chi fa contento il "capo", che in questo caso non cerca una critica approfondita ma soltanto pubblicità. Sarebbe in vendita non la recensione in quanto contenuto, ma lo spazio e la visibilità.

Il lavoro di un influencer, poi, non si esaurisce nel farsi vetrina. **Tutti noi siamo influenzati dalla pubblicità, anche quando non corriamo ad acquistare un prodotto sul momento**. A forza di vederlo e rivederlo, qualcosa rimarrà nella nostra mente. Prima o poi (dopo sette volte in cui l'abbiamo visto, si dice) lo ritroveremo in un negozio, o su un catalogo in rete, sugli scaffali di una libreria o altrove, e la decisione di comprare sarà comunque collegata all'esposizione che il prodotto aveva già ricevuto in precedenza. Misurare questa influenza è complicato, specialmente se, come gli editori sembrano oggi, si è lontani da una logica adeguata.

E ancora: il bookinfluencer di valore è colui che apre dibattiti, stimola riflessioni, approfondisce e fa ricerche, organizza eventi e coinvolge creando anche spunti formativi.

Ciò deve includere anche recensioni critiche e argomentate, pareri discordanti da altri colleghi o contenuti che affrontino i problemi del mondo editoriale. Gli editori non mi sembrano, al momento, molto interessati a questi aspetti.

La questione, come dicevo, non è risolta e potrebbe venire argomentata per centinaia di pagine. In molti hanno esposto pareri differenti dal mio, che vanno comunque ascoltati per formarsi un'opinione. Quel che mi sento di dover aggiungere è che il valore degli spazi creati dagli influencer esiste e andrebbe considerato con più serietà, anche da chi, per adesso, lo sfrutta con leggerezza. Parliamo di fenomeni recenti, che la società (italiana) ha appena iniziato a osservare; le dinamiche cambieranno ancora e ancora. Staremo a vedere.

5.4 – UNA CERTA DIGNITÀ

Diciamolo pure: non tutti gli aspiranti autori sono degli esperti di social, internet e comunicazione. Ho avuto modo di dare un'occhiata a moltissimi tentativi mal realizzati, riguardo il parlare delle proprie produzioni letterarie, cosa che rattrista e imbarazza; **chi esagera e finisce per spammare diventa fastidioso e non verrà mai ascoltato, ma gli errori non sono sempre così palesi**.

Per finire nel girone dei comunicatori incompetenti ci vuole davvero poco. Basta riempire i profili di *selfie* sempre uguali, abitudine diffusa in particolare su Facebook e che vi fa somigliare a dei Narcisi con tendenze da serial killer. Oppure, potreste girare dei video in cui non si sente nulla, vi si vede immersi nell'oscurità, o siete rosa (questo l'ho fatto anch'io, in caso vi importi). Certo, nessuno pretenderà che diventiate dei registi provetti o che investiate in attrezzature professionali, ma vi si domanda una qualità decente che permetta di usufruire dei contenuti. La spontaneità può essere un valore: io sono stata perdonata per i miei video rosa, però ho imparato a fare di meglio con il tempo. Provateci anche voi.

Altri errori classici sono i siti proprio brutti, che l'autore mette in piedi da solo fallendo miseramente. Non parlo soltanto di questioni tecniche: ho visto pagine in cui si intendeva pubblicizzare la propria attività come scrittori per bambini, in cui la fotografia dell'autore era un'immagine di un uomo ingessato, in giacca e cravatta e l'espressione truce, che se avessi dieci anni avrei rivisto nei peggiori incubi.

E ancora: Instagram è utilissimo ma lo diventa meno se ci limitiamo a riempirlo di fotografie dei piatti che ci prepariamo ogni giorno. Facebook non dovrebbe essere un luogo in cui sfogare ogni frustrazione o parlare di politica. I messaggi privati verso ignari lettori che nemmeno ci conoscono sono sempre sgradevoli.

Lo stalking nei confronti dei bookinfluencer è inquietante. Devo continuare?

Se da un lato ci viene chiesto di partecipare e metterci in gioco, non dovremo mai dimenticare che la dignità è una bella dote. Ciò riguarda anche il lavoro che magari faremo su un nostro testo autopubblicato: la fretta isterica o la totale ingenuità di alcuni finiscono per creare prodotti esilaranti, lontani dalle intenzioni di chi li prepara per un pubblico che si limiterà a riderne. Non sarà mai una buona idea usare una fotografia scattata con il cellulare, o peggio un disegnino di nostro nipote, come copertina per un libro. Se non siamo dei grafici esperti, sarà meglio cercare professionisti che possano aiutarci.

Forse penserete che questo sia un discorso banale; ma allora come mai, là fuori, continuano a venire creati profili social, siti e libri che nemmeno la mente più contorta potrebbe concepire?

Il testo in quanto tale non è un punto da escludere: se l'autore non si confronta con nessuno prima di immetterlo sul mercato, è molto probabile che l'ilarità del lettore sarà l'unica risposta. Proviamo a pensarla così: **se la nostra storia vale, merita delle cure.** Se noi come autori abbiamo un valore, meritiamo un'attività di comunicazione come si deve. Non sempre ci troveremo a investire economicamente, però l'obiettivo finale (la dignità, in questo caso) dovrebbe essere un nostro imprescindibile interesse.

6

UNA CASA PER LE STORIE

Tra l'Ottocento e il Novecento, l'editoria italiana cambiò volto. Si fece spazio la figura dell'editore "protagonista", dotato di una specifica identità letteraria, come furono Arnoldo Mondadori, Valentino Bompiani o Giulio Einaudi.

La selezione dei testi da pubblicare e il successivo lavoro sulle bozze divennero processi curati in base alla logica interna della casa editrice. Si passò da un lavoro artigianale a un'attività industriale vera e propria, basata su un'idea da rispettare attraverso la scelta di collabori e autori.

Gli editori iniziarono ad avere progetti a lungo termine, cercando opere che anticipassero la domanda del pubblico, e ciò spinse a investire su autori capaci, per essere quasi dei mecenati oltre che imprenditori. Proprio questo dualismo risultò problematico: si partiva dall'intenzione di "fare cultura", ma ben presto ci si scontrò con la crescente capitalizzazione della società e con l'esigenza di avere a che fare con un mercato mutevole.

Roberto Calasso, editore di Adelphi, considera l'editoria come un genere letterario: la scelta dei titoli da inserire nel catalogo esprime decisioni e orientamenti proprio come i temi selezionati da un autore nel suo romanzo. Parere simile era quello di Valentino Bompiani, secondo il quale l'editore pubblica i libri che avrebbe voluto scrivere e dà voce alle parole altrui, seguendo una "vocazione sostitutiva".

Una casa editrice è, semplicemente, un'azienda che si propone di fatturare grazie alla produzione e vendita di libri. Perché a livello fiscale la si possa definire tale, non serve la passione o l'amore per la letteratura; le scelte di chi ne è alla guida, però, hanno conseguenze importanti in questo senso. L'editore, come dice sempre Calasso, dovrebbe preoccuparsi di pubblicare *buoni* libri, cioè testi di cui andar fieri. Il giudizio non potrà che essere soggettivo, ma tutto il catalogo dovrebbe raccontare, titolo dopo titolo, una sorta di storia corale.

L'editore non sceglie soltanto cosa pubblicare, ma anche come farlo: la qualità di stampa, di impaginazione e di cura del testo caratterizza un certo catalogo tanto quanto i contenuti. Pensiamo ad Abeditore, realtà indipendente che oggi inizia a farsi strada sugli scaffali delle librerie grazie a edizioni di pregio e impegno promozionale. I lettori rimangono colpiti dalle grafiche e si affezionano alla carta liscia, alla cura per i dettagli, alla scelta di testi finiti nel dimenticatoio. L'identità fa parte di ciò che viene venduto con il libro: la reputazione, il target di base e il modo in cui i prodotti vengono presentati hanno una grande importanza.

Dietro la scelta di una copertina, di un font e di un tipo di carta, c'è una volontà precisa: l'editore sceglie il proprio lettore e come presentargli il libro, cosa vorrebbe suscitare in lui fin dalla prima impressione. In quanto aspiranti autori, dovremmo prendere l'abitudine di osservare e riconoscere le sensazioni che un determinato tipo di grafica ci suscita, per inquadrare un progetto e dargli significato.

Quando l'aspirante riceve la risposta classica ("Il testo non rientra nella nostra linea editoriale"), che spesso è in effetti una scusa sbrigativa per togliersi il pensiero, dovrebbe anche porsi una domanda: qual è la linea editoriale di quell'editore? Qualsiasi marchio dovrebbe averne una, riconoscibile e chiara, in particolare se parliamo di case editrici piccole o micro. Il grosso editore generalista può permettersi di non averne soltanto una, di affidare voci diverse alle collane o ai sottomarchi, ma la piccola azienda ha bisogno di farsi conoscere e riconoscere, per rassicurare il lettore e renderlo fedele. Il rifiuto di una proposta spontanea che non teneva conto di questo discorso è automatico. Prima di proporsi, bisogna capire quale sia la voce di quell'editore; ciò non impedirà il rifiuto, ma almeno aiuterà a indirizzarci verso la possibilità di un sì.

Chi intende esordire dovrebbe inoltre considerare il ruolo delle piccole realtà editoriali, che dagli anni Ottanta esercitano la vitale attività di scouting dei nuovi talenti. Il sentiero per giungere ai giganti passa per i piccoli editori seri: pubblicando con loro, in genere più disposti all'ascolto, si avrà occasione di dimostrare qualcosa, e se il tutto funziona si verrà "rubati" in fretta da grosse agenzie o editor di collana importanti. Questo discorso ci fa sempre innervosire, ma dobbiamo rendercene conto: il grande editore osserva i cataloghi degli altri, fa le sue valutazioni e, se interessato, giunge con la sua offerta allo scopo di raccogliere i frutti del lavoro altrui. In questo modo, il rischio del lancio viene evitato e le vendite sono probabili. Non vi piace il loro modo di fare editoria? Be', nessuno vi costringe a partecipare, ma fin quando sognerete di pubblicare con i grossi marchi starete sperando proprio in questo.

Occorre comunque imparare a distinguere la "grandezza" di una casa editrice: il micro editore non offre molto più della mera uscita del libro, che può lasciarci soddisfatti ma che difficilmente ci traghetterà verso l'alto; un marchio piccolo ma con del potenziale avrà una buona distribuzione (cioè lo vedremo nelle librerie), curerà molto il lavoro sul testo e la grafica dei libri, sarà gestito da persone che sanno promuovere la loro attività con garbo e pacatezza ma con decisione e soprattutto avrà una linea editoriale chiara. Scegliere la micro editoria può servire, ma a patto di non farsi illusioni di grandezza e di valutare con calma la serietà dell'azienda a cui proporsi. Del resto, entrare nel catalogo di una realtà modesta ma di gran valore non sarà semplice, mentre nella micro editoria è più facile avere delle possibilità concrete di venire selezionati. Si tratta di equilibrio tra l'obiettivo dell'autore e ciò che può permettersi di scegliere, insomma, e non è per niente semplice.

Il ruolo di un agente letterario o di un editor freelance di fiducia può essere determinante per aiutare nel prendere le prime decisioni. **Non lasciatevi conquistare dall'isteria della firma: leggete per bene il contratto, valutate con pazienza, non esitate a domandare chiarimenti se qualcosa non torna o a rifiutare se le condizioni non sono accettabili**. Pubblicare il prima possibile, mi spiace dirvelo, non servirà proprio a niente: dovrete pubblicare *bene*, altrimenti sarà come se non fosse accaduto.

Un altro punto che mi sento di menzionare è l'annosa questione del guadagno. Ebbene, sappiate che un editore prende per sé circa il sette percento del prezzo di copertina. La stessa percentuale va in genere all'autore (anzi, spesso di più, tra l'8% e il 10%), senza però alcun rischio d'impresa o spese varie da sostenere. Il resto va a finire nel lavoro sul testo, la stampa, la grafica, la distribuzione e i librai, tasse, bollette e costi di magazzino e di gestione.

Guadagnare con i libri, che siate scrittori o editori, è complesso. I lettori danno per scontato di trovare le copie in libreria, ma il meccanismo della distribuzione è un vero rebus e molto dipende dagli ordini delle librerie stesse, influenzati dalle vendite precedenti e da ciò che i lettori compreranno con facilità. Le copie invendute diventano un peso non indifferente, perché anche tenerle in un magazzino costa. Ristampare un titolo esaurito è un rischio, considerando che produrre un piccolo numero di copie ha un costo elevatissimo. Insomma, fare l'editore è un lavoro; come in qualsiasi attività imprenditoriale, bisogna essere in gamba, testardi e coraggiosi, per svolgerlo con successo.

6.1 – TROVARE LO SPAZIO MIGLIORE

Vi svelo un segreto: **ogni bravo editore è alla ricerca costante di nuovi autori in gamba**.

Sembrerebbe che non sia così: arrivare sulle loro scrivanie è sempre più difficile e pare richieda investimenti economici ingenti da parte di chi scrive. Lavorare sull'editing, la correzione di bozze, l'elaborazione di sinossi, biografie o quarte di copertina sembra oggi come oggi un dovere dell'autore, che poi dovrà investire anche per farsi leggere dalle agenzie o per partecipare a concorsi.

Ciò non significa che sia indispensabile pagare, perché una prima stesura eccellente verrà notata. Sarà un percorso lungo e noioso, in cui servirà una bella dose di fortuna e consapevolezza, ma prima o poi accadrà. Il problema è un altro: spesso, il dattiloscritto non è valido, oppure l'autore non è consapevole.

L'intervento di professionisti del settore non è una garanzia di pubblicazione o di successo. **Anche riuscendo a entrare nelle grazie della migliore delle agenzie letterarie, nulla è detto e la percentuale dei libri che rimane inedita vi sorprenderebbe**.

Prima di tutto, concentriamoci sul concetto di validità in editoria: quali sono le caratteristiche del dattiloscritto valido, quello cioè che ha concrete possibilità di venire selezionato per la pubblicazione?

Se amiamo la letteratura, probabilmente abbiamo un'idea vaga del valore artistico di una storia. Dovrà essere ben scritta (e lo determineremo con i nostri personali criteri), interessante (idem), piena di spunti per la riflessione e significativa. Purtroppo, però, non esistono criteri assoluti per decidere se un'opera corrisponda o meno a questa definizione. Due lettori potranno dissentire del tutto, nel giudicare lo stesso romanzo; l'editore valuta ogni storia in base al target di riferimento, non in assoluto.

Facciamo qualche esempio: se la collana è dedicata a romanzi gialli, un bellissimo horror non sarà comunque valido. Se il target corrisponde ai bambini fino a sei anni, un bel romanzo d'avventura di ottocento pagine non sarà valido. Se la casa editrice sta cercando storie ambientate in Sardegna, la nostra storia milanese non sarà valida. Così è facile, no? Può esserlo meno: se pensiamo di proporre all'editore letterario e ricercato il romanzo di un esordiente, che ha un tono molto "pop", una bella voce autoriale e un ottimo ritmo, idee originali e temi attuali, lo accetterà? Ne valuterà la bellezza, oppure lo scarterà a priori, ritenendolo distante dalla propria linea editoriale? Ecco, questo dipende dall'editore e dalle sue scelte. **Ogni singola azienda decide che tipo di storie accogliere e in che modo selezionarle; non esiste un criterio oggettivo che tutti seguono nello stesso modo**.

Comprendere questo punto ci aiuterà a capire meglio come mai anche dei romanzi davvero di qualità possano venire rifiutati. L'editore, o meglio il lettore professionista che si occupa della selezione, non è un giudice divino e non possiede il mistico segreto della vera arte: si limita a fare il suo lavoro. Se otteniamo un rifiuto, è probabile che il nostro modo di scrivere non sia coerente con la realtà a cui ci siamo proposti. Certo, può anche darsi che sia un romanzo proprio brutto; ma, da bravi autori consapevoli, questo dovremmo averlo già evitato prima di inviare.

Trovare una casa per la nostra storia non è semplice. Dovremo scovare un editore serio, che non ci chieda dei soldi, che rispetti i suoi autori, che curi il lavoro sul testo, la grafica e l'impaginazione, e magari che paghi regolarmente e si occupi di promuovere e distribuire; come se non bastasse, quell'editore deve essere interessato ai temi che trattiamo e trovarci in gamba, degni d'attenzione.

Non è più facile vincere alla lotteria? Forse sì, infatti spesso gli autori devono accettare qualche compromesso: un marchio meno conosciuto, poca promozione, retribuzione ballerina. A me piace pensare che l'editore perfetto esista, lì fuori, e se riuscirò a scovarlo ve lo farò sapere. Per adesso, proviamo ad accontentarci.

In ogni caso, è fondamentale capire un concetto: **la pubblicazione arriva nel momento in cui due esigenze complementari si incontrano. Voi volete il contratto, l'editore vuole un romanzo proprio come il vostro**.

Penso di aver conosciuto abbastanza imprenditori dell'editoria da potervelo dire: non si tratta di animali da classificare, ma di persone, che in quanto tali saranno diverse dagli altri che fanno lo stesso mestiere. Pensateci: anche voi potreste, domani, fondare una casa editrice. Sia chiaro, il mio non è un invito a farlo (non fatelo a caso, vi scongiuro), ma un appello alla consapevolezza. Nulla impedisce a qualsiasi imprenditore di entrare a far parte della strana razza che gli aspiranti osservano con desiderio.

Se parliamo di piccole aziende nate da poco, in genere a fondarle sono giovani pieni di sogni. C'è chi ha sognato troppo in grande senza pensare al guadagno, o chi è un imprenditore nato e riesce a gestire bene le sue finanze. C'è chi ha fondato l'azienda un po' per gioco e lavora male e chi si impegna ogni giorno ma riesce a stento a pagare le bollette. La piccola editoria è un mondo complicato, ma quel che voglio farvi capire è che a lavorarci sono dei semplici esseri umani.

Se invece ci riferiamo alla grande editoria generalista diventa difficile anche solo identificare chi dovremmo chiamare "editore". Sono aziende con quote di mercato, amministratori delegati e una struttura a livelli. In questo caso, chi prende le decisioni non passa le giornate a sfogliare dattiloscritti di fronte a un camino, ma sta nel suo ufficio dentro un completo elegante e legge, forse, le tabelle del fatturato.

In mezzo esiste una realtà variegata e imprevedibile. Ci sono editori che non sanno cosa pubblicano, perché si affidano ai loro editor; ci sono quelli che si occupano personalmente di ogni titolo, o chi pubblica testi sperimentali perché è ricco dalla nascita e se ne frega dei guadagni, e poi chi con quei guadagni deve mantenere la famiglia. C'è l'editore alle prime armi che sbaglia tutto e l'agguerrito che vende pure porta a porta, se deve.

Insomma, l'editore è un essere umano come noi. La missione non si limita a farsi scegliere da questo misterioso animale che detta legge sulle sorti di un'opera, ma consiste nel trovare un professionista con cui valga la pena di collaborare e che abbia un'idea coerente con ciò che produciamo.

Quando gli scriverete, ricordatevelo: dall'altra parte ci sono delle persone, con i loro gusti, i loro umori, con la loro più o meno marcata professionalità. **Siate onesti, presentatevi come gente sana e rispettosa, pensate a come valutereste la vostra lettera introduttiva leggendola dall'esterno**. È bene informarsi, magari cercando qualche intervista o dando un'occhiata ai cataloghi e impegnandoci a conoscere quell'editore in particolare. Se lo faremo e se sapremo scegliere bene, forse anche lui vorrà conoscere noi.

6.2 – LA GUERRA DEI GENERI

La divisione in generi letterari risale addirittura a Platone e passa per la *Poetica* di Socrate, per poi divenire ai giorni nostri uno strumento indispensabile nella produzione e vendita dei libri.

Si tratta in sostanza di etichette, utilizzate per identificare con facilità le caratteristiche di un romanzo. Spesso, il concetto di genere si confonde con quello del target, come nel caso dello *Young Adult* in cui ci aspettiamo di trovare temi adatti ai giovani adulti, ma che racchiude una vastità di tipologie, difficili da raggruppare in una categoria omogenea.

L'idea delle etichette rimanda a quella di una struttura predeterminata e ripetitiva, che costringe l'autore a non innovare, ma non è proprio così. Convincersi che un romanzo di genere sia per forza inferiore ci spingerà a sottovalutarlo.

In ogni giallo che si rispetti ci sarà un omicidio, o almeno una sparizione misteriosa, e qualcuno che indaghi. In ogni rosa troveremo una storia d'amore, in ogni horror non mancheranno elementi inquietanti. Un romanzo di fantascienza includerà tecnologie immaginarie ma plausibili, un fantasy sarà ambientato in un mondo immaginario e un thriller ci terrà in sospeso fino alla rivelazione. Potremmo subito chiederci chi dovrebbe assegnare le etichette: l'autore sa da subito qual è il suo genere, oppure lo capisce dopo aver scritto? Lavora adeguandosi fin dal principio o adegua le definizioni, piuttosto, alla sua produzione spontanea?

In realtà, sono vere entrambe le ipotesi. Esistono romanzi costruiti appositamente per rientrare in un genere specifico e altri che sfuggono alle facili categorie, pur richiamandole. L'esempio più banale che mi viene in mente è Stephen King, conosciuto come autore di horror; chiunque abbia letto le sue storie sa che non è così semplice.

La classificazione ha un'utilità pratica: ci permette di riconoscere i libri che potrebbero piacerci. Il genere viene comunicato ai lettori in ogni dettaglio: la copertina, il titolo, il formato, la quarta, tutto contiene le informazioni utili alla nostra scelta. La copertina di un rosa non sarà cupa, ma conterrà colori chiari, immagini positive; quella di un erotico sarà piena di sottintesi sensuali, quella di un thriller richiamerà al sangue, all'imprevisto, al pericolo. Da lettori ci sentiamo traditi se l'aspetto di un libro non c'entra niente con il suo contenuto, e ce ne lamentiamo: ci aspettavamo altro. L'inquadramento nel genere prova a evitare queste delusioni e riflette dunque un target specifico a cui si rivolge.

Conosco molte persone che leggono soltanto gialli o thriller; identificano il concetto di "trama" con la presenza di un crimine o comunque di una situazione pericolosa da risolvere. Non è detto che ciò sia abbastanza, però: lodano un particolare autore se inserisce anche una riflessione sul mondo o sulla società, che indicano come "tra le righe", perché la trama è forte ed è l'elemento più evidente. Avrebbero delle difficoltà a seguire una storia dalla trama scarna, si annoierebbero. Non perché siano poco intelligenti: vedono la lettura come evasione, vogliono ricavarne un intrattenimento che spinga anche a riflettere, ma non come unico fine.

Parlando con i lettori del fantasy mi è capitato di sentir dire che l'ambientazione realistica non li soddisfa. Trasportare i problemi della vita umana in un contesto d'invenzione li rende più interessanti, li evidenzia e ne permette la comprensione. Una storia in cui un uomo qualsiasi compie azioni qualsiasi sarebbe piatta e non susciterebbe in loro abbastanza coinvolgimento. Considerando che nella realtà non esiste la magia, non ci sono epiche avventure e c'è una triste scarsità di draghi… perché non cercare tutto questo nei libri? Almeno lì potremo sognare, no?

C'è poi chi seleziona accuratamente storie "felici", sostenendo che la quotidianità sia troppo triste perché possa essere divertente trovarla anche nei romanzi. Ho conosciuto tanti lettori che usano le storie per dimenticare i problemi personali e dunque non hanno alcuna voglia di ritrovarli sulle pagine.

Io, da lettrice, cerco invece proprio la catarsi. I romanzi che vengono definiti "tristi" attirano subito la mia attenzione. Sì, ho dei problemi anch'io, ma uso la narrativa per comprenderli meglio, per osservarli dall'esterno e possederli. Per questo, una storia troppo felice mi fa subito sbadigliare.

Insomma, **il nostro metodo di selezione è soggettivo e si sviluppa in base alle esigenze che sentiamo**. La produzione editoriale fa del suo meglio per andare incontro alla domanda, proponendo a ogni lettore il prodotto adeguato a lui. Nessuno ha più ragione degli altri: la letteratura è un mezzo e la diversità fa bene. Cosa dire, però, di questa varietà? Esiste davvero una netta separazione tra narrativa "letteraria" e di genere?

Su questo, schiere di accademici si confrontano ogni giorno, ancora adesso. Probabilmente non giungeremo mai a una risposta universale; da lettori, però, possiamo renderci conto che ogni caso è da considerare a sé. Niente vieta che un fantasy usi la lingua in maniera eccellente, che esplori l'esperienza umana in profondità e che innovi; l'essere identificabile come fantasy non significa che l'opera abbia un valore soltanto commerciale. Il rispetto dei paletti di una certa etichetta può essere usato come strumento per parlare di una visione del mondo e non come un limite rassicurante. Insomma, la risposta è la mia preferita: dipende.

Non dovremmo dimenticare che **le definizioni sono convenzioni, create per orientarci nel mondo delle lettere e non per imporre classificazioni sterili**, o almeno così dovrebbe essere.

In fondo, un genere consiste nell'insieme di elementi che il lettore si aspetta di trovare in una storia. Se vado al cinema per vedere un musical, rimarrò delusa se non ci saranno delle canzoni; allora, potremmo dire che la trama, in un prodotto di genere, esiste allo scopo di mettere insieme gli elementi dovuti a chi ne sarà osservatore. L'abilità dell'autore sarà però nell'ordinare quegli elementi in un modo inatteso, dandoci qualcosa che già conosciamo, ma in una maniera originale.

Esistono anche "forme" diverse con cui un creativo potrà veicolare la sua arte.

Portare a termine un racconto breve può sembrare rassicurante.

Mentre il romanzo richiede tempi lunghi e revisioni impegnative, in questo caso il lavoro è più contenuto e la soddisfazione arriva prima. Ciò non significa che scrivere racconti efficaci sia semplice.

Tra l'altro, la stessa definizione è problematica: come ci ricorda Vicedomini nel suo saggio *Sul racconto*, riusciamo facilmente a definire cosa la forma breve non sia (non è lunga, dunque non è un romanzo), ma abbiamo delle difficoltà a definirne le caratteristiche. La critica, che ha il compito di analizzare ma non di modificare l'azione degli autori, si limita a prendere atto della differenza di "spazio", e di poco altro.

Al di là delle definizioni, una tendenza che ho notato negli autori alle prime armi è di utilizzare la narrazione breve come scappatoia. Le scrivanie di editor, editori e agenti sono zeppe di racconti amorfi, privi di trama, storia e tema, con personaggi appena accennati e situazioni inconcludenti. Lo so, dirlo non è bello, ma è così: spesso si scrive una novella breve più per riempire una pagina che per comunicare qualcosa al lettore. Quel che del racconto possiamo dire, a parte le definizioni precise e impossibili, è che dovrebbe contenere un mondo; dovrebbe bastare a se stesso.

Un discorso simile potremmo portarlo avanti per la poesia, che oggi si sta facendo spazio sugli scaffali delle librerie, in particolare grazie all'opera di Rupi Kaur. L'autrice, partita dal suo profilo Instagram e inizialmente autopubblicata su Amazon, ha scalato ogni classifica e si è imposta come nuova voce del verso libero. La definizione di *instapoetry* nasce proprio dalla tendenza del pubblico di affezionarsi a personaggi carismatici che condividono sui loro profili social delle poesie brevi e dirette, senza particolare cura per ritmo, struttura o rime, ma riguardanti temi attuali. Rupi Kaur affronta la questione della femminilità, dell'abuso e dei sentimenti, e ha fatto breccia nel cuore di milioni di donne perché è riuscita a interpretare il loro sentire con semplicità ed eleganza. Di fronte al suo successo, sostenere che la poesia non venda appare ridicolo e il concetto stesso di "poesia" dev'essere ridimensionato. Gli appassionati dei versi di un tempo si dichiarano disgustati dall'*instapoetry*, eppure bisogna ammettere che le nuove generazioni hanno riscoperto un interesse per questa forma d'espressione grazie alle tendenze recenti in tal senso.

Gli aspiranti poeti hanno visto in tutto ciò un'opportunità. Se non è più importante curarsi dello stile, chiunque può scrivere poesia. Basta andare a capo ogni tanto, no? Quando, non importa. La produzione di moltissimi autori risulta però del tutto vuota: manca l'attualità che rende possibile suscitare l'interesse del pubblico, in una silloge su fiorellini e tramonti che non ha nemmeno la grazia di rime e bellezza linguistica. È troppo facile convincersi che basti poco, che il verso di oggi sia una giustificazione per la scarsità di argomenti.

In entrambi i casi, dunque, chi vorrebbe scrivere tende a usare delle scuse per non impegnarsi. **Il mio invito è di considerare ogni forma di scrittura come importante e significativa**; se volete essere dei poeti, o dei narratori di racconti brevi, provate a non prendere sotto gamba la complessità (se vogliamo, maggiore rispetto a quella del romanzo) della realizzazione di opere complete, sensate e lodevoli. La pigrizia e la celebrazione del vostro ego non porteranno mai al successo.

6.3 – LO SPETTRO DELL'EDITORIA A PAGAMENTO

Charles Dodgson fece pubblicare nel 1865 un'opera cara a tutti noi, chiamata *Alice in Wonderland*, con lo pseudonimo di Lewis Carroll. La prima versione della storia, vergata a mano dall'autore e corredata di illustrazioni, era stata donata alla giovane Alice

Liddell anni prima, in seguito alla specifica richiesta della bambina di riceverla in forma scritta dopo averla ascoltata da Dodgson durante una gita. All'editore *Macmillan & Co* venne presentata una versione rivista e corretta, in cui erano stati censurati riferimenti troppo personali e aggiunti pezzi nuovi. Dodgson annotò sul suo diario di essersi impegnato a pagare circa seicento sterline per la stampa di duemila copie; ammetteva inoltre che, anche vendendole, sarebbe andato in perdita.

L'autore di *Alice nel paese delle Meraviglie* non fu l'unico a dover spendere per pubblicare. **Nel diciannovesimo secolo non era raro che gli autori partecipassero alle spese di stampa della loro opera** e i casi celebri, risalenti a prima o a dopo, non sono pochi: Mark Twain, Edgar Allan Poe, Rudyard Kipling, Moravia sono tra i nomi sciorinati per giustificare questo modello di business.

Il fenomeno era noto anche a Umberto Eco, che ne *Il pendolo di Foucault*, del 1988, coniò l'acronimo APS (autori a proprie spese), mentre quello più usato oggi è EAP (editoria a pagamento). A ogni modo, gli autori convinti che per esordire sia necessario metter mano al portafogli non sono pochi, e questi finiscono per illudersi che basti stampare cento copie pagando mille euro per divenire scrittori di professione. Le nuove tecnologie di stampa e di vendita online mettono in crisi questo tipo di mercato; ormai esiste una possibilità di scelta e sta qui, in fondo, il punto importante del discorso: potete scegliere.

L'idea di pagare migliaia di euro per ottenere cento o mille copie del vostro romanzo, magari senza alcun lavoro sul testo, dovendo curare da soli la grafica e non ricevendo alcuna promozione o distribuzione, è assurda. Gli editori a pagamento lo sanno benissimo, infatti parecchi hanno iniziato a gestire la loro attività in altro modo e offrono una serie di servizi concreti, più o meno efficaci. Esistono esempi "virtuosi" che, a fronte di tariffe importanti, riescono a comparire in alcune librerie per qualche tempo.

Tuttavia, se anche le più grosse case editrici "free" fanno fatica a coprire le librerie per titoli di esordienti, penso di poter dire che le uscite numerose di un editore a pagamento non riceveranno mai grande visibilità. Esistono eccezioni? Leggende narrano che sia così, anche se non mi è capitato di averne conferma.

Sostenere di essere al pari di Lewis Carroll o Proust, e di svuotare il conto in banca per amore dell'arte proprio perché non se ne può fare a meno, è da ingenui. Il mondo è cambiato, i lettori sono cambiati e così anche editori e scrittori. **Le produzioni del passato somigliavano più a delle autoproduzioni che alla pubblicazione a pagamento**, senza considerare le varie riedizioni imposte dagli autori stessi che, a volte, si rendevano conto di aver dato alle stampe versioni premature e ancora acerbe, pentendosene e correndo ai ripari. Investire sulla cura grafica o sulla correzione di bozze sarà forse una scelta più oculata.

Io sono una sostenitrice della consapevolezza: se siete convinti che per pubblicare serva per forza pagare, sappiate che non è così. Potreste insistere nel crederlo se volete usare questa fede come giustificazione per lavori fatti male o per scorciatoie facili, ma continuerà a non essere così e gli altri autori andranno avanti, spendendo meno o niente e avendo possibilità effettive di "farcela" (nonostante sia sempre difficile). Siete liberi di credere in ciò che volete.

Purtroppo, l'EAP serve ai nostri giorni come "sfogo" per le masse di aspiranti scrittori orfani di editore. La carta stampata che viene così prodotta finisce nelle cantine, nella spazzatura o al macero, e con essa i sogni di quegli autori che, impoveriti, decidono di lasciar perdere dopo il primo tentativo. Qualcuno potrebbe sostenere che sia un meccanismo utile per ridurre gli ingorghi delle caselle di posta elettronica degli editori veri, e che espleti per bene la funzione espressa dal termine inglese, *vanity press*.

La questione, nei nostri anni, non riguarda più l'oggettiva difficoltà nel trovare imprenditori che ci ascoltino, perché l'autopubblicazione risolve il problema dando una possibilità (democratica quanto pericolosa) a chiunque: è accessibile anche senza dover pagare un centesimo, permette a chi scrive di selezionare i professionisti fidati con cui interagire e di avere pieno controllo, senza contare la distribuzione online che copre in potenza tutto il mondo. Si rivolge alla *vanity press* (cioè l'editoria a pagamento) chi non si è informato, o chi non ha alcuna intenzione di agire sulla propria opera, perché non sa da che parte iniziare o per pigrizia. Non c'è infatti nulla di illegale in essa: non è una truffa e l'autore firma un contratto, dunque accetta le condizioni.

Il pubblico nutre una certa diffidenza per l'autoproduzione, ma ne nutre ancor di più per una pubblicazione a pagamento; i bookinfluencer rifiutano gli invii e le librerie (quelle ben gestite, almeno) amano sostenere altri tipi di editoria. Si rischia di pagare tanto per poi ritrovarsi le pile di copie in casa, senza sapere cosa farsene, mentre con il self-publishing avremo il *print on demand*, cioè la stampa al momento del singolo ordine, e nessuna copia in più, da pagare o da riporre, se non la richiediamo.

Allora quale sarebbe un buon motivo per pubblicare a pagamento? È una domanda che pongo a voi, perché io non saprei come rispondere: secondo me, non ne esiste nessuno.

La discussione sulle EAP si colora spesso di particolari: alcune non accettano di pubblicare chiunque ma fanno una selezione e lavorano sui testi. Infatti, sebbene la qualità media di queste realtà sia piuttosto scadente, il problema non sta nel tipo di lavoro che viene svolto. Come agisce il singolo editore dipende da lui e da come si organizza, non dal modello di business che sta seguendo.

La questione riguarda invece la nostra consapevolezza. Per esempio: come mai è lecito chiedere un compenso per l'editing di un freelance o per la realizzazione di una copertina, ma non lo sarebbe per pubblicare?

La pubblicazione non è un servizio reso all'autore ma fa parte dell'attività imprenditoriale dell'editore che, come dicevamo, trattiene il diritto di esclusività in modo da poter guadagnare. L'editore a pagamento è in effetti un *service* editoriale che offre, tra i suoi servizi, anche la pubblicazione, ma che per quella chiede comunque di solito i diritti esclusivi. Se prendiamo questa via, ciò che abbiamo fatto è appunto richiedere un servizio, come succede se affidiamo a un ufficio stampa esterno l'attività promozionale.

Ciò non ha alcun legame indissolubile con la qualità della nostra scrittura; è vero però che se abbiamo creato un'opera valida ci converrebbe evitare un ingente investimento economico insieme alla cessione dei diritti. Potremmo venire scelti da un editore, e risparmiare, oppure autopubblicarci e tenere tutti i diritti per noi. Perché mai spendere su entrambi i fronti, se potremmo evitarlo?

Il pregiudizio nei confronti delle EAP viene da questo: l'autore così testardo da svenarsi pur di vedere il proprio nome su una copertina è visto nel giudizio comune come un fallito in preda alle sue illusioni di grandezza, talmente ingenuo da non capire che avrebbe potuto evitare le spese.

Nel suo saggio *L'autore in cerca di editore*, Maria Grazia Cocchetti distingue le pubblicazioni a pagamento da quelle che definisce "allo stato puro" e si limita a parlare delle seconde. Non è certo l'unica a tenere ben distinte le due casistiche: persino i blogger tendono ormai a rifiutare di recensire titoli provenienti dalla EAP, mentre gli editori non accolgono con entusiasmo un curriculum letterario dichiaratamente a pagamento.

In tutto ciò non c'è niente di illegale. Siate però certi di aver compreso cosa state facendo: rimango abbastanza stupita quando un autore mi scrive sostenendo di non aver pubblicato a pagamento, ma di aver solo pagato per la distribuzione, per la promozione, l'acquisto di copie, la realizzazione di gadget o altro. Non è difficile: se pagate l'editore, è a pagamento. Assicuratevi di aver scelto.

6.4 – EDITORI O STAMPATORI?

Le insidie nel mondo editoriale, come spero abbiate già capito, sono numerose. Quella di cui si parla meno è forse l'esistenza di una certa micro editoria "furbetta"; proviamo a discuterne.

Il mestiere dell'editore è duro, poco remunerativo e davvero frustrante. Lo sceglie chi, pieno di sogni e ideali, intende costruire cataloghi ricchi, significativi, originali, pedagogici. Nel periodo in cui frequentavo i primi corsi per lavorare in questo settore, avevo decine di colleghi pronti a gettarsi in pasto a distributori, tipografi e librai, convinti di avere le carte in regola per modificare il mondo delle lettere e finalmente "pubblicare quel che vale davvero". **La passione è meravigliosa, ma purtroppo da sola non basta**. Un editore, di fatto, deve anche fare i conti con il denaro e con le scelte imprenditoriali che lo attendono.

Questa difficoltà porta a ingegnarsi. Alcuni cedono e iniziano a chiedere contributi ai poveri autori, altri invece scoprono come guadagnare senza distruggersi la reputazione e divengono quelli che chiamo "stampatori".

L'editore stampatore realizza tirature ridotte, tra cinquanta e cento copie di ogni titolo. Pubblica un sacco di libri ogni anno, anche più della Mondadori, e pesca tra gli aspiranti guadagnandosi la loro fiducia e stima, perché è l'unico a considerarli. In effetti lo fa, ma solo perché propone contratti un po' a chiunque; nella massa, qualcuno merita attenzione e altri meno, ma a lui non importa. Tutti hanno una famiglia, un circolo di amici, dei vicini di casa o vecchi professori in pensione a cui non vedono l'ora di appioppare il loro romanzo. Qualsiasi autore si darà da fare per organizzare eventi e presentazioni, a proprie spese e senza alcun investimento, nemmeno in termini di tempo o impegno, per l'editore. Stampando soltanto cinquanta copie, ci si garantisce il *sold out*. L'autore sarà stanco ma felice, i soldi giungeranno in cassa e il lavoro fatto sarà lieve.

Questo tipo di editore può anche scegliere di collaborare con professionisti seri, retribuirli bene e in modo puntuale e sfornare prodotti di qualità; il problema sarà che i titoli, mai promossi e mai seguiti, rimarranno nel cerchio delle conoscenze di chi li ha scritti, per poi finire dimenticati dal mondo e mai ristampati. Un venduto di cinquanta o cento copie non sarà abbastanza per colpire marchi più grandi e così l'autore non potrà che scrivere altro, proseguendo a vendere solo alla nonna, al cugino di terzo grado o al salumiere.

Intendiamoci: se chi scrive è in gamba e ha uno spirito brillante potrebbe riuscire a cavarne fuori risultati notevoli lo stesso. Nessuno gli vieterà di vendere a sconosciuti, di promuoversi online o di partecipare a concorsi, magari vincendo. Dovrà però far da solo e l'editore stampatore sarà lì in un angolo, a grattarsi la pancia e a osservare quanto guadagno sta ottenendo grazie agli sforzi di un altro.

Questa editoria viene criticata soltanto a posteriori, cioè quando un aspirante scrittore ne fa esperienza e si rende conto di non averne tratto nulla. Spesso ne ottiene solo fastidi: è lui a organizzare le presentazioni, le copie non arrivano in tempo alla libreria, i rendiconti annuali sono sempre in ritardo e non riceve pagamenti, nessuno gli risponde, il libro non viene ristampato, i lettori vorrebbero ordinarlo ma non possono perché non si trova, la distribuzione non viene curata e non c'è collaborazione; e così via.

A questo punto, l'aspirante disperato (ormai esordiente o, peggio, emergente) si pone una domanda esistenziale: non avrei fatto meglio ad autoprodurmi?

Ecco: **nella scelta consapevole da prendere all'inizio del percorso, dobbiamo vagliare le possibilità e domandarci se quell'editore ci darà qualcosa per cui valga la pena cedere un pizzico di libertà**. A volte, questo elemento è importante: evitare la spesa di un editing, o della realizzazione di copertina, quarta e impaginazione, può aiutarci parecchio. Siamo disposti a rischiare di dover risolvere mille problemi, in cambio del risparmio? Quello specifico editore merita la nostra fiducia, e fino a che punto? Abbiamo discusso con altri autori che hanno fatto questo tipo di esperienza?

Esordire nella micro editoria può essere un'ottima idea, oppure un disastro. Sta a noi tutelare l'opera che con tanto amore abbiamo prodotto.

Come al solito, specifico che odio le generalizzazioni: esistono micro editori brillanti che possono aiutarci. Fate in modo di scovarli e di venire scelti da loro; dagli stampatori, invece, state alla larga, a meno di non volerli sfruttare più di quanto non intendano sfruttare voi.

7
DIETRO LE QUINTE

I nomi degli editor più famosi saranno già noti ad alcuni di voi: Gordon Lish, per esempio, che modificò gli scritti di Raymond Carver contribuendo così al suo successo. Lish, un uomo burbero e testardo, si è imposto sulla voce di Carver effettuando tagli consistenti e modificando il testo, per spingere verso quel minimalismo che divenne poi la caratteristica riconosciuta dell'autore. E quell'autore ne soffrì non poco.

Oppure Max Perkins, altro personaggio che sembra uscito da un noir. Il suo rapporto con scrittori come Hemingway e Wolfe è rimasto nella storia e ha creato una sorta di mito sulla figura dell'editor. Perkins era un vero e proprio amico per gli autori; arrivò persino a intercedere perché la casa editrice concedesse loro dei prestiti. I suoi interventi sui testi, soprattutto i tagli, crearono tante polemiche sin da subito, al punto da spingere Wolfe a pentirsi di averli accettati.

O ancora Therese von Hohoff Torrey, ricordata come "Tay Hohoff", editor di Harper Lee per *Il buio oltre la siepe*. Di questa signora si è parlato solo di recente, quando è stato dato alle stampe il secondo romanzo di Lee che pare fosse la versione originale del primo. Una storia ingarbugliata, in cui qualcuno ha visto persino dei misteri. Quel che un mistero non è, comunque, è il ruolo che Tay Hohoff ha avuto nel successo di Lee: dopo aver letto la prima bozza e averla ritenuta poco più di una serie di aneddoti, invitò l'autrice a riscrivere tutto da un diverso punto di vista, dando origine al romanzo che oggi molti lettori amano. La versione precedente, che ormai possiamo leggere, non ha invece convinto il pubblico nello stesso modo. Forse Tay non aveva tutti i torti.

Questi sono soltanto gli esempi più conosciuti, che hanno fatto parlare di loro grazie alle polemiche scoppiate su titoli di successo. Fin dalla nascita delle case editrici, però, queste mitologiche figure hanno guidato generazioni di autori, famosi o meno, in tutto il mondo.

Ma da dove ha avuto origine l'editing? C'è sempre stato?

7.1 – L'ORIGINE DELLE REDAZIONI

La figura del "correttore tipografico" risale al Cinquecento, quando la revisione dei testi stampati divenne una professione. Proprio grazie alla diffusione del libro, si venne a creare una certa uniformità nell'uso della punteggiatura e della grafia. Per esempio, l'apostrofo che oggi ci è familiare venne introdotto nel 1501, in occasione della stampa di *Cose volgari* di Petrarca, e continuò in seguito a venire utilizzato con regolarità. Nel Seicento, poi, questa uniformità divenne consolidata e già allora le regole di base erano simili a quelle moderne.

Nel 1612 uscì *Il Vocabolario degli Accademici della Crusca*, dato alle stampe dalla tipografia veneziana di Giovanni Alberti, che rese possibile il legame tra l'Accademia, già autorevole, e la lingua; ciò nonostante, la pubblicazione suscitò molte polemiche. Da qui al

Settecento, ribellioni antiaccademiche vennero sollevate da intellettuali desiderosi di far sentire la loro voce.

Insomma, i litigi tra i sostenitori del loro "stile" personale e i "grammar nazi" esistono da un bel po'.

La prima editor che si batté per il riconoscimento della professione indipendente, svolta da chi oggi chiamiamo "editor freelance", nel contesto italiano, fu Grazia Cherchi. Questo interesse per il redattore privo di "padroni" si lega all'etica del lavoro editoriale: il suo scopo è fare il bene della storia, attività che si ramifica in diverse vie ma che risulta fondamentale sia per il mantenimento di un certo valore letterario e sia per l'incontro, in termini commerciali, con il target di riferimento.

Grazia Cherchi, infatti, non fu mai dipendente di un unico editore, ma lavorò come lettrice esterna per Mondadori e Garzanti negli anni '60. Dai suoi pareri di lettura emerge l'avversione nei confronti di una narrativa di genere costruita appositamente per avere successo, ma nello stesso tempo l'importanza che dava alla trama forte. Proprio il suo modo di elaborare i giudizi le diede uno spazio importante nella critica letteraria dell'epoca: negli anni '80 editò autori esordienti come Baricco o Benni.

Per un editor freelance come me, la figura di Grazia Cherchi è un'ispirazione e un punto di partenza. In Italia, di solito, gli autori non lavoravano con professionisti esterni, ma i testi venivano corretti da redattori dipendenti o da consulenti fidati dell'editore. Il rapporto umano, caratterizzato da fiducia ed empatia, che metto in atto ogni giorno della mia vita, nacque in Italia e nella sua forma concreta proprio con lei. Se oggi siamo sommersi da liberi professionisti, in quel periodo l'idea di non rimanere dipendenti di un editore in particolare era innovativa, assurda e sicuramente non legata alla difficoltà di trovare un impiego a tempo indeterminato.

A lavorare come editor nell'editoria italiana furono però anche numerosi scrittori che ancora conosciamo e stimiamo: Calvino, Vittorini, Sereni sono i primi nomi che vengono in mente. Questa professione nasce proprio dall'ampliarsi delle attività necessarie per l'uscita di un libro: la mera correzione linguistica, ambito di pertinenza del correttore di bozze, poco c'entra. In passato era l'editore stesso a intervenire sui testi, per imporre o suggerire modifiche finalizzate alla facilità di vendita o alla qualità generale. **Con l'industrializzazione e la progressiva nascita della struttura aziendale della casa editrice, si è resa necessaria una grande specializzazione interna: le redazioni includono diverse figure fondamentali, come il grafico, l'impaginatore, l'addetto all'ufficio stampa. L'editore, da solo, non può più curare tutto, e le competenze necessarie al lavoro diventano sempre più specifiche.**

L'editing era già diffuso nei paesi anglosassoni, dove era usanza comune menzionare l'editor nei ringraziamenti. In Italia, invece, gli autori continuavano a vedere le loro opere come intoccabili, in nome dell'arte e dell'ispirazione. La stessa Cherchi indica come migliore definizione quella fornita da Berardinelli, ovvero il "potere affettuoso" che consiste nell'indirizzare, adottare l'autore rispettandone le scelte; eppure, ancora oggi non mancano le discussioni in tal senso.

Chi diamine sia l'editor e cosa faccia è sempre un bel mistero. Schiere di aspiranti autori hanno un'idea vaga e approssimativa di questo mestiere e lo vedono come una magia, oppure come una truffa organizzata. In effetti, spiegare nei particolari in cosa consista non è semplice.

Il termine editor viene, com'è facile intuire, dalla lingua inglese; nella sua origine latina significa "portar fuori" o "portare avanti", mentre nel contesto anglofono indica la figura che cura il testo prima della pubblicazione. In italiano non abbiamo una parola che corrisponda del tutto: il redattore non sempre lavora sull'editing, dunque non è la giusta qualifica.

A complicare la questione giunge la somiglianza tra le parole "editor" e "editore", che porta spesso a facili equivoci. No, non è la stessa cosa: un editor può lavorare presso una casa editrice, ma non è il proprietario dell'azienda.

E allora chi è? **Si tratta di un professionista che svolge un ruolo delicato, perché fa da mediatore tra testo, autore, editore e pubblico**. Lavorando insieme all'autore, cura ogni elemento della storia, dalla forma al contenuto, e la prepara per occhi estranei, per la selezione o per la sua forma finale, pubblica o meno.

Un altro equivoco ricorrente riguarda la differenza tra l'editing e la correzione di bozze: mentre il correttore si limita a verificare l'aderenza alle norme grammaticali, sintattiche ed eventualmente redazionali, **l'editor può occuparsi dei refusi ma in genere si concentra di più sul senso, sul ritmo e sul contenuto**.

Esistono diversi livelli del suo lavoro: l'editing concettuale è uno sguardo d'insieme, in cui non si agirà tanto sullo stile quanto sui temi trattati e la loro gestione; il *line editing*, invece, guarda nel dettaglio all'uso della lingua e alle scelte lessicali, parola per parola.

La complessità di questo mestiere rende difficile, per l'aspirante, capirci qualcosa. Niente panico: il modo migliore per comprendere è approfondire, fare domande e cercare risposte ai dubbi. Non è poi così impossibile, se ci proviamo. Un consiglio prezioso è il seguente: se non avete idea di cosa sia un editor, è probabile che ve ne serva uno.

Questa figura lavora in genere come libero professionista. Può venire assunto da una casa editrice, ma succede sempre meno spesso: anche le grandi realtà tendono ormai a esternalizzare i lavori redazionali, nonostante mantengano gli editor di collana a gestire le attività. In molti, comunque, si rivolgono soprattutto agli autoeditori o a chi non ha esperienza e sta muovendo i primi passi nel contesto delle pubblicazioni. Gli obiettivi possibili sono tanti e diversi, e il tipo di lavoro effettuato dipende da quelli.

Se a retribuirlo è un editore, il freelance lavora su dattiloscritti già selezionati. L'autore avrà firmato un contratto, il suo testo avrà già delle qualità che l'hanno reso idoneo alla pubblicazione. È probabile allora che non serviranno modifiche profonde o mesi di interventi.

Quando il committente è l'autore, come privato, l'obiettivo è diverso. Il testo non è stato scelto da nessuno e renderlo un "buon partito" letterario è lo scopo principale della revisione. A volte gli autori vorranno autoprodursi, altre intenderanno proporsi a editori o agenzie, o ancora potrebbero voler mantenere privata la loro opera. L'analisi degli obiettivi è sempre il primo passo da compiere, per assicurarsi di poterli raggiungere.

7.2 – I MALEDETTI SOLDI

Di certo avete incontrato anche voi almeno un autore del tutto contrario al concetto dell'editing da freelance, dei servizi editoriali rivolti agli autori o delle "tasse di lettura" delle agenzie letterarie. Spesso le argomentazioni in questo senso sono piene di ingenuità imbarazzanti, però vale la pena di ascoltarle e approfondire: esiste davvero un motivo valido per investire sui propri scritti?

Partiamo da un fatto: come già dicevo, **per pubblicare non è necessario pagare**. Se avete scritto un romanzo che intercetta gli interessi degli editori, basterà proporvi. Sì, a volte è così facile, che ci crediate o no. Purtroppo non è scontato che produrremo opere su misura per le esigenze del momento di un particolare editore, quindi non veniamo accolti subito a braccia aperte. Il nostro nome non aiuta: non è conosciuto, non è "vendibile". I personaggi già famosi ci passano davanti, con romanzi che vediamo come artificiosi o, peggio, con libri-gadget che non hanno nulla di letterario e sono pieni di pensierini o fotografie. Che rabbia, no? Certo, ma rimbocchiamoci le maniche e impariamo qualcosa di importante: è improbabile esordire con l'editore più grande del mondo, però da qualche parte si deve iniziare anche per arrivare fin lì. Se non avete intenzione di diventare famosi influencer, chiedere l'aiuto dei professionisti potrebbe darvi una mano.

Dico "potrebbe" perché nulla è detto. **Il costo dei servizi editoriali non è una tassa per pubblicare ed è bene che ciò sia chiaro**: nessun editor, correttore di bozze o agente letterario potrà darvi mai alcuna certezza, nemmeno se lavora per nomi importanti o se è lui stesso un autore famoso. Proviamo a toglierci di dosso la convinzione che basti avere le conoscenze giuste: aiutano, ma se il vostro romanzo è pessimo non serviranno a niente.

L'investimento dell'autore non è utile ad aumentare le possibilità di trasformarlo in Stephen King in quanto a guadagno o fama; serve a divenire consapevoli.

Se siete all'inizio nell'esperienza con la scrittura, è molto probabile che la prima bozza non sia un granché. Potreste essere anche dei geni creativi destinati alle vette del Parnaso, ma il primo tentativo avrà tanti difetti e collezionerà dei rifiuti. Pensateci: di editoria sapete poco, non vi siete mai fermati a riflettere sul mercato dei libri e vedete gli editori come dei saggi misteriosi che aprono le porte del Paradiso letterario. Credete di poter costruire una casa di mattoni rendendola stabile, senza avere la minima idea di come si fa? Magari avete ottimi materiali, però dovete fare esperienza e provare, prima di convincervi di essere dei geni, o rischierete che vi crolli in testa.

Questa consapevolezza non è un segreto che solo la setta degli editor custodisce. Potete conquistarla da soli, attraverso lo studio, l'approfondimento e il confronto consapevole, così come potreste capire man mano come diamine tener su la casa a forza di tentativi.

Non siete costretti a chiedere aiuto: è una vostra scelta.

Iniziare un editing con un freelance partendo dall'idea che sia un passo obbligatorio vi impedirà di trarne dei reali benefici. Ciò che rende tale un professionista della scrittura non è un'intelligenza superiore alla vostra o una testarda appartenenza al club degli eletti: è solo l'esperienza e la consapevolezza, insieme al necessario sguardo esterno. Anche gli editor lavorano con degli editor, per i loro testi. Lo sapevate? Cedere al confronto profondo e serio è un passo importante, sul sentiero che conduce al successo. Un autore confinato nei limiti del proprio ego non andrà lontano.

7.3 – A COSA SERVE L'EDITORE

Nell'epoca in cui l'autoproduzione è possibile e comoda, un autore potrebbe domandarsi a cosa serva mai la figura autoritaria dell'editore e delle sue redazioni. Il valore di una selezione sempre più orientata verso il mercato viene messo in dubbio ogni giorno, da un coro di voci desiderose di esprimersi senza filtri.

Siamo liberi di scegliere se sottoporci al giudizio di occhi pieni d'esperienza o far da soli, ma sarà comunque necessario capire come mai l'editore esiste, qual è la sua funzione e in che modo può esserci utile.

Partiamo dai soldi, che sono sempre interessanti: un autore che decide di autoprodursi deve spendere un bel po'. L'illusione di pensare a tutto in modo autonomo finisce sempre per creare dei danni; magari siamo dei grafici di professione e siamo in grado di usare *Photoshop*, ma se non sappiamo nulla di grafica editoriale produrremo copertine sbagliate che andranno contro le nostre intenzioni. Esempi simili potremmo farli su qualsiasi aspetto del lavoro che precede l'uscita di un libro: la revisione di un testo non può essere svolta solo dall'autore; l'impaginazione conta molto per la leggibilità e quindi per il piacere del lettore; l'autopromozione è fastidiosa per tutte le parti coinvolte; e così via.

Un privato che non è un imprenditore e non possiede grosse cifre di denaro si troverà in difficoltà nell'accettare di investire su un prodotto. Vedrà il proprio romanzo come una gemma preziosa, che avrà valore anche se sgrammaticata, brutta visivamente, impaginata malissimo. Mi dispiace, ma non è così: se scegliete di autoprodurvi siete imprenditori, e un imprenditore che non cura i propri prodotti è destinato al fallimento.

Altra caratteristica di un bravo imprenditore è però l'investimento razionale e cauto. Spendere migliaia di euro per un libro che poi non venderà è comunque un errore, molto difficile da prevedere ma indispensabile da considerare. Non è sano credere di potersi autopubblicare senza alcuna spesa, ma non lo è nemmeno lanciarsi in spese folli, e questo dobbiamo tenerlo a mente.

L'editore risolve il problema, facendosi carico della produzione e liberando l'autore dal pensiero di scegliere quanto e come investire. Chiede la cessione dei diritti di pubblicazione (e dunque il testo non potrà essere pubblicato altrove per il periodo previsto) e in cambio offre il lavoro che serve per l'immissione sul mercato. So che siete già pronti a strillare che tanti lavorano male, ma purtroppo questo fa parte del gioco ed è una vostra responsabilità scegliere con coscienza a chi affidarvi.

L'autore, dunque, cede parte della sua libertà per ricevere un aiuto prezioso. Il motivo per cui potremmo decidere di non farlo è il mantenimento di quella libertà, non certo una testarda e ignorante pretesa di ottenere tutto senza cedere niente, anche se solo in termini di diritti.

Fa parte dell'interesse di qualsiasi editore anche la cura del catalogo, quindi se è in gamba inserirà il nostro libro all'interno di un contesto. In questo modo saremo già indirizzati verso un target appropriato e sostenuti dalla fama di un marchio autorevole. Anche qui, non sempre va proprio tutto liscio: ma, di nuovo, siamo noi a dover controllare e valutare cosa l'editore è in grado di darci. Firmare ciecamente rischia di farci finire in una situazione in cui siamo comunque da soli anche dopo aver ceduto i diritti di pubblicazione, cioè ad aver speso senza guadagnare.

Comprendere questi discorsi ha come naturale conseguenza il rifiuto della cosiddetta "editoria a pagamento", come già accennavo, in cui l'autore cede i diritti ma spende anche del denaro e l'azienda non si fa carico del rischio d'impresa. Comodo, no? Per l'editore sì: se è l'autore a pagare tutto, per chi produce il libro ci sarà solo del guadagno. Ma, da autori, dobbiamo imparare a tutelarci e a capire la differenza tra chi sceglie di puntare sulla nostra opera e chi lascia a noi il rischio.

Un'altra funzione dell'editore riguarda il "prestigio", parola-chiave che sentiamo di continuo. Certo: venire scelti da una casa editrice conosciuta e rispettata ha un valore. Significa che non abbiamo fatto tutto da soli, che non siamo stati noi a insignirci del titolo di "scrittore", ma che qualcuno crede nel nostro lavoro. Non è una questione da poco.

Purtroppo l'ingenuità è sempre tanta. Molti aspiranti sono sicuri che basti qualsiasi marchio per ottenere quel prestigio tanto agognato, e rifiutano l'autopubblicazione solo per questo. Eppure non è difficile notare che non ogni nome è accolto nello stesso modo dai lettori. C'è addirittura un'abitudine, nell'editoria, che non ho mai compreso davvero e che mi fa sorridere: se un autore ha esordito nel catalogo di una realtà molto piccola e ignota ai più ma poi viene preso da un editore importante, il passato viene nascosto e lo si definisce di nuovo "esordiente". Sembra quasi che nominare marchi sconosciuti sia vietato e che un certo tipo di editoria rifiuti l'esistenza del resto. Il prestigio quindi non è da dare per scontato, anzi, a volte è incomprensibile.

La funzione forse più importante dell'editore è però quella di fungere da filtro, per i lettori e per gli autori stessi. La linea editoriale non si limita a essere un capriccio, espressione dei gusti personali di un imprenditore, ma funge da guida, per la costruzione di un catalogo sensato, di qualità e che punti a dialogare con chi legge, evitando interferenze caotiche o dispersioni. Per chi tenta di ottenere un contratto, questa è la caratteristica più seccante dell'editoria; eppure, venire selezionati solo da chi potrà in effetti proporre il nostro lavoro nel modo migliore, a un target specifico già interessato, sarà determinante per il successo. Tutti vorrebbero finire nel miglior catalogo possibile, ma il problema risiede nel criterio con cui decidiamo quale sia: a volte, l'apparenza inganna.

Ma allora conviene o no affidarsi all'editoria? La risposta unica, oggettiva e valida per tutti non esiste. Occorrerà valutare la situazione singola, crearsi un obiettivo concreto, imparare a progettare un percorso. Nell'impresa potreste venire aiutati da un agente letterario o dal vostro editor di fiducia, oppure provare da soli; in ogni caso, sarà una vera e propria avventura.

Il rapporto tra editore e autore è caratterizzato da un obiettivo comune: il successo del libro. Ciò che da aspiranti autori dovremmo ricordare è che senza l'aiuto di questa figura, o di altre che possano sopperire alla sua mancanza, rimarremo da soli a lottare perché la nostra voce possa essere ascoltata.

L'ingrediente segreto è sempre la consapevolezza, mentre l'antagonista è la fretta isterica. Dal canto loro, gli editori non sono più confinati in mondi distanti e sconosciuti: sono sempre più frequenti le occasioni di confronto diretto, come i *pitch-date*, i concorsi destinati agli esordi e lo scouting attivo. Raggiungere gli editor di collana non è poi così difficile; a volte rispondono persino dai loro profili social. Il problema, però, è sempre lo stesso: bisogna riuscire a colpirli, ad attirare l'attenzione, in una massa che urla a squarciagola.

L'autore ancora solo aspirante è convinto che esordire sia un'impresa titanica. Dimentica di considerare che l'esordio non è così complicato, ma che conta in relazione a ciò che accadrà poi. Il vero banco di prova, di solito, è il secondo titolo: se il primo è andato bene, il confronto sarà automatico; se è andato male, la nuova possibilità potrebbe essere l'ultima. Da esordienti, in un certo senso, verremo giustificati se non arriveremo a numeri notevoli, ma da scrittori ormai "emergenti" (*argh*) non potremo permetterci errori.

7.4 − VENIRE SCELTI

Quando teniamo in mano la copia di un romanzo appena acquistato, non pensiamo a tutto il lavoro dietro la sua realizzazione. L'autore, senza dubbio, è fondamentale, ma, che si parli di un'autoproduzione o di un'opera scelta da una casa editrice, **un libro "vero" è il risultato di collaborazione tra mestieri diversi**. Lettori professionisti, redattori, editor, editore, traduttori, tipografie, librai; la lista non si esaurisce qui, ma ci fa capire quanto è lungo il cammino di una storia.

Una cosa è certa: per arrivare in libreria, il romanzo dev'essere scelto tra tanti. Spesso, ciò accade grazie all'azione delle agenzie letterarie.

L'Agenzia Letteraria Internazionale, prima in Italia, nacque alla fine dell'Ottocento grazie ad Augusto Foà, ma a lungo gli editori furono scettici nei confronti di questa nuova figura. Ormai, al contrario, l'agente è un compagno indispensabile per l'editore, che privandosene rischierebbe di affogare tra le proposte spontanee.

Il lavoro di scouting e selezione, un tempo custodito dall'editore stesso, è diventato al contrario quasi esclusivo delle agenzie, che nel frattempo si sono aperte anche al fornir servizi editoriali ad aziende o privati. Potremmo dire che questa figura funge da filtro tra chi scrive e chi pubblica, in modo che gli interessi di entrambe le parti vengano soddisfatti.

L'agenzia selezionerà titoli che sono adatti a determinate linee editoriali, che hanno buone possibilità di vendita e che porteranno pregio al catalogo, e l'editore accetterà di buon grado proposte coerenti con ciò che stava cercando; l'autore, dal canto suo, avrà una corsia preferenziale per la valutazione e verrà tutelato nei suoi interessi, perché l'agenzia guadagnerà più o meno il quindici percento dei suoi guadagni e dunque vorrà renderlo ricco. Com'è ovvio, questo è il miglior caso possibile e la realtà non è mai così semplice: firmare un contratto di rappresentanza non assicura nulla e, purtroppo, spesso l'aspirante non trova comunque una casa editrice. Il tentativo però rassicura: se veniamo scelti, c'è un motivo.

Ogni agenzia è un'azienda e decide in maniera autonoma e libera i meccanismi di selezione: c'è chi accetta invii spontanei e chi invece lo fa solo in certi momenti, chi pretende la famosa "tassa di lettura" e chi indica con chiarezza il tipo di storia ricercata. Il dubbio maggiore degli autori riguarda l'investimento economico: vale la pena di spendere centinaia di euro per venire letti? Assolutamente no; bisogna capire che la spesa non è finalizzata alla rappresentanza, ma all'elaborazione di una scheda. Quando l'agenzia richiede di passare attraverso la valutazione, fornisce poi, dietro pagamento, una valutazione del dattiloscritto, che essendo un servizio professionale va retribuito. A molti non piace questo meccanismo, ormai diventato quasi la norma in Italia, e si augurerebbero un sistema più "libero" e meno basato sull'investimento degli autori.

Quale che sia la nostra opinione al riguardo, e su questo i dibattiti sono sempre accesi, l'ingenuità continua a essere la nostra peggior nemica: siamo noi a chiedere la valutazione, dunque se lo facciamo con l'illusione che ciò porti a un'automatica rappresentanza siamo noi a sbagliare. Pagare per venire rappresentati non è un modello che funziona: l'agenzia prende in carico solo autori in cui crede, perché guadagnerà dal loro guadagno. Le schede, ve l'assicuro, sono tutto un altro discorso: utilissime, spesso determinanti per chi ha iniziato a scrivere da poco, ma comunque parte dei servizi editoriali che qualsiasi editor freelance offre.

La domanda ("ne vale la pena?") dovremmo porcela prima, non soltanto dopo aver ricevuto un no per la rappresentanza. Quanto siamo sicuri di quella storia? La stiamo inviando alla cieca, sperando che la "tassa" aiuti a renderla gradita ai lettori professionisti, oppure ci abbiamo già lavorato con cura e quindi presentiamo un testo pulito e interessante? Siamo disposti a investirci sopra, o siamo convinti che il nostro sia il capolavoro letterario del secolo?

Non vi nascondo che a volte si nota, da parte di agenzie un po' più furbette, un certo atteggiamento di vaghezza che stimola l'ingenuità dell'aspirante e prova a guadagnarci. **Chi fa grandi promesse non è mai sincero, proviamo a tenerlo a mente**. Detto ciò, siamo noi a prendere le decisioni. Capire chi stiamo pagando e perché è un'ottima strategia per non pentircene in seguito.

Un ulteriore problema riguarda la delusione del rifiuto, come sempre. La soluzione non è poi così difficile: un agente non sceglie le storie che più piacciono a lui come individuo, ma lavora in funzione del mercato editoriale. Certo, può capitare che la scelta venga compiuta "con il cuore", se un romanzo in particolare colpisce e spicca; ma sono eccezioni. Come la casa editrice, un'agenzia deve guadagnare per esistere. Proporre, da esordienti, romanzi del tutto fuori mercato non ci porterà a ottenere niente, a meno di non essere davvero, davvero degli artisti già completi.

Un buon modo per valutare le scelte di una specifica agenzia è dare un'occhiata agli autori che rappresenta e che ha portato alla pubblicazione. Con quali editori ha lavorato? Che genere di libri tratta? Informarsi e approfondire è, di nuovo, la chiave per evitare il fallimento.

Un esercizio utilissimo per imparare a proporsi è quello dell'ascensore: immaginate di trovarvi lì insieme a uno sconosciuto, costretti in uno spazio ristretto, e di dover raccontare cosa avete creato nel tempo che serve a raggiungere il terzo piano. Non un secondo di più: l'ascoltatore se ne andrà che voi abbiate concluso o meno, dovrete essere concisi ma incisivi. In due minuti, bisognerà riassumere anni di fatica e sogni. Ne sarete capaci?

Forse vi sembrerà una tortura infame ed è probabile che lo riteniate svilente per la creatività artistica, eppure il *pitch* funziona proprio così. Un poveraccio nervoso si torce le mani di fronte all'editore, l'agente letterario o l'editor, ed espone in pochi secondi cosa ha scritto. Se vi risulta impossibile, i problemi possono essere due: o non vi siete esercitati abbastanza, oppure la vostra trama ha delle pecche notevoli.

L'editor curatore di qualsiasi catalogo dovrà chiedersi, nel valutare la vostra proposta, "è un libro che riesco a spiegare facilmente?". Il suo compito consisterà infatti nell'esporre quel *pitch* veloce a chi sta sopra di lui. Se intendete convincere qualcuno a investire sulla vostra opera, iniziate a frequentare l'ascensore immaginario; quando e se vi concederanno più tempo sarà meglio, però è bene essere preparati al peggio.

Generazioni di aspiranti scrittori si sono domandati quale sia la differenza tra pitch, sinossi e quarta di copertina. Nel leggere le richieste degli editori, è facile cadere preda della confusione su questi argomenti, e bisogna dire che in generale esistono pareri diversi che non aiutano a essere sicuri.

Proviamo a dare delle definizioni concrete: un *pitch* di vendita consiste in una frase, o al massimo un paio, con cui si riassume la potenzialità di un prodotto. Nel caso di un libro, quella frase coincide con il succo della storia, ciò che potrà catturare i lettori e spingerli a comprare. Per esempio, *Misery* di Stephen King potrebbe venire proposto con: "Paul, uno scrittore di successo, viene rapito da un'ammiratrice inquietante che lo terrà in casa sua con la scusa di curarlo, e verrà costretto a scrivere una versione alternativa del suo ultimo romanzo mentre tenta di trovare un modo per fuggire".

A questa breve descrizione manca molto: non dice nulla sul percorso psicologico di Paul, che dovrà affrontare il suo rapporto con il mestiere da autore e uscirà cambiato dall'avventura grottesca in cui King lo ha inserito.

Nel comporre il *pitch* avrei potuto puntare di più sui simbolismi del romanzo in questione, e scrivere: "Paul è un autore di romanzi leggeri che sta cercando di far evolvere la sua scrittura, ma dopo un incidente d'auto si ritrova in casa di Annie, la sua fan numero uno, che pretende da lui una modifica al finale dell'ultimo romanzo. Ciò costringerà Paul ad affrontare il suo modo di vedere la scrittura stessa, portandolo a sacrificare il dattiloscritto che rappresentava la sua evoluzione per ritrovare la libertà".

Quale dei due è migliore? Io sceglierei il primo, però dipende da quel che intendiamo mettere in evidenza. Se l'interesse è di presentare il libro come un thriller facile da vendere, la prima opzione è la migliore. Se vorrò proporlo a un editore che so essere attento a metafore e simboli, la seconda potrebbe risultare più interessante. Dovrò aver presente chi sia il mio interlocutore e cosa voglio ottenere da lui, insomma.

La sinossi, cioè il testo (di poche cartelle, in genere) da inviare insieme al file completo quando ci proponiamo a una casa editrice o agenzia letteraria, serve invece per descrivere la trama nella sua interezza. Nel redigerla non dovrò limitarmi a creare una sorta di *tag line*, ma sarà opportuno coprire tutti gli avvenimenti importanti che ho narrato. La sua utilità sta nel "riassunto" che permette a chi legge di identificare cosa succede, a chi succede, quando, dove e come. Di nuovo, potremo scriverla in modi diversi in base a cosa vogliamo evidenziare: questo varrà per ogni tipo di comunicazione con cui ci presenteremo.

La quarta di copertina è un testo "tecnico" e fa parte dei paratesti, insieme alla biografia dell'autore. La troviamo sul retro dei volumi in libreria e serve a vendere, quindi va scritta rivolgendosi al lettore (niente spoiler) e con una certa professionalità. A dire il vero, è difficile che un autore la scriva per il proprio romanzo; meglio, in questo caso, lasciar fare a occhi esterni e magari esperti nell'arte di convincere i lettori.

Questi discorsi meriterebbero saggi specifici e non pretendo qui di trattarli nella loro interezza; avremo modo di riparlarne, un giorno. Spero vi sia chiaro, comunque, quanto sia importante (e mi ripeto, ma ci tengo) essere consapevoli di ciò che facciamo, nel proporci a qualcuno che potrebbe scegliere proprio noi.

8

LA CULTURA INDIPENDENTE

In Italia, si sa, le pratiche nuove fanno fatica ad affermarsi. Mentre in America il fenomeno del self-publishing cresce sempre più, fino ad attirare anche autori già conosciuti che traghettano verso l'autoproduzione, nel nostro bel paese siamo ancora convinti che autoeditoria e editoria a pagamento siano la stessa cosa. Non esagero: mi è capitato di rimanere allibita di fronte all'ignoranza dilagante, in questo senso. Gli "addetti ai lavori", e mi dispiace doverlo dire, troppo spesso non si informano per bene; che sia per una sorta di ideologia maliziosa o per pura ignoranza, capita di sentire vere e proprie falsità, sul mondo del self.

Nel frattempo la produzione indie, cioè indipendente dalle grosse case produttrici, ottiene nel mondo successi clamorosi, impossibili da ignorare per chiunque abbia degli occhi e delle orecchie. Ciò non capita soltanto nell'universo della scrittura, ma in ogni campo, dalla musica ai videogiochi. **Il valore della creazione spontanea, non orientata al profitto (almeno all'inizio) ma più che altro alla trasmissione di idee, in cui gli artisti credono e investono energie e denaro, è altissimo**: mentre l'azienda è percepita come fredda e distante dall'arte, il singolo che produce un'opera significativa viene guardato con ammirazione e curiosità. Le trappole dell'autoproduzione sono numerose ma, coltivando un proprio talento e mettendosi in gioco, le possibilità risultano concrete.

Lasciamoci quindi alle spalle chi è convinto di poter ignorare il mondo indipendente; il tempo insegnerà. Noi, invece, saremo in grado di documentarci e di non sostenere posizioni ideologiche solo per il gusto di farlo.

Il mondo dei libri, a dire il vero, sembra essere ancora abbastanza "pigro". Di autoproduzioni ne esistono a migliaia, specialmente nell'ambiente anglofono, però i casi di successo non sono eclatanti come quelli di altri settori e riguardano in gran parte prodotti destinati alle masse.

Qualche caso da citare però esiste: un esempio è quello di Andy Weir, partito dalla pubblicazione online della sua storia (*The Martian*) e che è giunto a vederla trasformarsi non soltanto in una pubblicazione ma anche in un film per il cinema internazionale. Weir aveva inizialmente usato KDP (*Kindle Direct Publishing* di Amazon) per rendere pubblico il romanzo e lo vendeva a novantanove centesimi, proprio come fanno migliaia e migliaia di autori ogni giorno. La sua attenzione per i dettagli e la trama coinvolgente hanno portato il titolo in vetta alle classifiche, suscitando l'interesse di un'agenzia letteraria e poi di un editore.

Le nuove tecnologie digitali permettono oggi a qualsiasi autore di pubblicare il proprio dattiloscritto, in modo veloce e facile. Se sia un bene o un male è ancora in discussione, ma la possibilità esiste ed è per tutti. L'editoria "tradizionale", a cui potremmo attribuire una funzione di controllo e limite, rischia di venire superata o ha ancora un senso? L'autoeditoria è democratica davvero o si tratta di un'illusione?

8.1 – GENUINO È BELLO

Come avrete notato, ho una vera passione per le produzioni indipendenti. Non sono la sola: l'idea di un'opera creata da un'unica persona, in condizioni di povertà o difficoltà nella penombra di una stanza qualsiasi, che poi diventa un fenomeno internazionale, è proprio interessante. La cultura *indie* ha il fascino della genuinità: di solito, gli autori non avrebbero mai potuto immaginare come sarebbe andata a finire.

Veniamo tutti influenzati da qualcosa, anche soltanto dalle opere di cui usufruiamo liberamente. La genuinità totale, priva di qualsiasi influenza, di fatto non esiste; ma l'artista dovrebbe lasciarsi "piegare" dalle necessità del mercato? Come già dicevo, questa è una domanda da un milione di dollari.

La produzione indipendente, in qualsiasi settore, ha il vantaggio di non imporre nulla. Saremo liberi di proporre al pubblico opere prive di valore commerciale, che nessun produttore sceglierebbe mai. Senza concederci alcun filtro, però, il rischio di sopravvalutarci è dietro l'angolo. A volte, al di là della commerciabilità nuda e cruda, un'opera viene rifiutata da chiunque semplicemente perché è brutta. Piazzandola comunque sul mercato, in casi come questo, otterremo solo delle umiliazioni. Chi sarà a stabilirne la bruttezza? In termini oggettivi, nessuno potrebbe; ma se intendevamo guadagnarci, anche solo in visibilità, andando allo sbaraglio falliremo.

La genuinità, allora, è un pregio da curare come fosse una piantina fragile e non va confusa con la testardaggine ingenua.

Se è vero che chiunque può oggi autoprodursi, è vero pure che farlo con l'atteggiamento sbagliato nuoce a voi e a tutti gli altri artisti indipendenti.

Conquistare credibilità non è facile; non lo farete lavorando in modo raffazzonato, ve l'assicuro.

Diciamo allora che quella democraticità offre un bel vantaggio, perché vi permette di sfuggire dai filtri spesso troppo severi, ma nel contempo vi affida una responsabilità non indifferente.

Ricevo quasi ogni giorno la stessa domanda: vale la pena di auto-pubblicare?

L'idea non può che essere stuzzicante. Pensate che bello poter-si scegliere da soli, avere in mano ogni decisione che riguarda il nostro prezioso romanzo, realizzare il libro come fosse un prodot-to artigianale uscito dalla nostra testa. L'autore ingenuo, o peggio quello rabbioso perché deluso, tende a vedere il self-publishing come un paradiso facile e perfetto.

Le e-mail che ricevo non smettono mai di stupirmi. Ho letto di casalinghe appassionate di erbe aromatiche, impegnate nella scrittura di un saggio sull'argomento, che intendevano autopub-blicare perché così tutti gli editori maggiori si sarebbero subito interessati ai loro testi; di autori disposti a far tradurre romanzi in qualsiasi lingua che l'essere umano abbia concepito, nell'assoluta certezza che il mercato giapponese non vedesse l'ora di pubbli-carli; di persone convinte che piazzare una storia su *Wattpad* porti automaticamente a decine di proposte editoriali. **Le illusioni degli aspiranti sono radicate e difficili da combattere, perché loro in genere chiedono ai professionisti ma hanno già deciso e vogliono solo conferme**.

Proviamo a riflettere su un punto: secondo voi, come andrebbe per qualcuno che da un giorno all'altro si improvvisasse editore, senza avere la minima conoscenza del campo?

Tenete a mente che i lettori non perdonano. Lanciarsi nell'im-presa dell'autoeditoria senza saperlo fare rischia di rovinare la vostra reputazione per sempre. Non prendetela alla leggera. Del resto, se ciò che avete scritto ha un valore merita rispetto. Il vostro, prima di tutto.

Volendo però difendere quella genuinità preziosa, dobbiamo

ricordare le autoproduzioni spesso scambiate con pubblicazioni a pagamento, di cui parlavamo qualche capitolo fa. Se Proust, per esempio, nonostante i rifiuti che collezionò in principio, non si fosse incaponito nel voler pubblicare la *Recherche* a proprie spese, la sua opera non sarebbe rimasta nella storia della letteratura. Se avesse ascoltato l'editore che, sprezzante, lo rimproverava di impiegare trenta pagine per descrivere come ci si dimena prima di dormire, avrebbe lasciato perdere e buttato via un manoscritto che oggi ha un valore inestimabile.

La libertà, come sempre, porta con sé dilemmi importanti. Proust non aveva la possibilità di scegliere KDP e uscire in self, ma se l'avesse avuta è probabile che ne avrebbe fatto uso; noi autori di oggi siamo fortunati, ma anche fin troppo liberi di gestirci da soli. **Solo impegnandoci in una vera e propria attività professionale faremo giustizia alla nostra voce unica, e per farlo serviranno maturità e confronto**.

Nel 2021, ancora, in Italia EAP e autoeditoria vengono accumunate. Per quanto ciò sia frutto di semplice ignoranza, è purtroppo un'abitudine e i lettori tendono a non approfondire, cosa che lede la reputazione di chi si autoproduce per bene. Gli editori sottovalutano le potenzialità dello strumento, a volte per propria convenienza, altre perché sul serio non lo conoscono.

Come andrà in futuro dipende anche da ogni singolo autore che sceglie la via del self-publishing, non dimenticatelo: sarete parte della soluzione oppure del problema, non c'è scampo.

8.2 – PRODUTTORI DI NOI STESSI

Il motivo per cui, specialmente se si parla di libri, l'autoproduzione viene confusa con l'editoria a pagamento, risiede nella necessità dell'investimento economico.

Un punto che gli ingenui non hanno compreso riguarda la gestione dei diritti di pubblicazione. Nel momento in cui ci autoproduciamo siamo responsabili dei nostri investimenti, ma conserviamo la capacità di prendere ogni decisione che ci riguarda. Potremo ritirare dal mercato il nostro romanzo in qualsiasi momento, modificarlo, pubblicarlo su altre piattaforme, iniziare a venderlo di persona e tanto altro. Firmando un contratto in cui cediamo i diritti, al contrario, concediamo all'editore (a pagamento o meno) di disporre della commercializzazione dell'opera. Occhio a questo aspetto: non è da poco. L'editore a pagamento detiene l'esclusiva sul libro, decide in che modo venderlo e come proporlo al pubblico, in quante copie stamparlo, su che tipo di carta, in che formato, eccetera.

Divenendo produttori di noi stessi, ci assumiamo tutte le responsabilità e manteniamo ogni diritto.

Cosa vi aspettereste da un buon editore? Vorreste cura, lavoro professionale, rispetto per il testo e per l'autore; vorreste venire guidati verso il target di riferimento, una strategia promozionale efficace, una distribuzione decente e un certo coinvolgimento d'interesse da parte di chi vi ha scelto e ha puntato su di voi. Ottimo: da autoeditori, è proprio ciò che dovreste fare. Se sarete pigri, avari o poco accorti, entrerete nelle schiere di quegli editori che non sanno fare il proprio lavoro. La libertà ha un prezzo, non per forza economico ma in termini di impegno. Sarete voi a decidere su cosa investire e sarà vostra la responsabilità di ogni errore.

Dovrete tenere a mente, prima di tutto, cosa è cambiato da quando ogni autore ha la possibilità di autoprodursi: **stiamo passando da un mondo in cui era necessario ottenere l'approvazione e il riconoscimento degli esperti, per avere una possibilità, a uno in cui la meritocrazia fa da padrone**.

Ciò non vorrà dire, però, che la pigrizia sia accettabile, anzi: se intendete meritare il successo, dimostrando tutto da soli, dovrete impegnarvi sul serio.

Il rapporto con la scrittura di chi è adulto oggi è passato attraverso fasi diverse: i più anziani hanno addirittura battuto a macchina, non come esercizio del gusto *vintage* ma perché era la norma; siamo passati, nel giro di pochi decenni, dallo scrivere a mano al farlo su tastiera, con davanti uno schermo. Anche la lettura si è evoluta verso il mezzo digitale, nonostante la carta rimanga forte.

La parola scritta non si limita a trasmettere informazioni attraverso il linguaggio, ma comprende il mezzo che usa per arrivare a noi: i materiali, i colori, le forme, le immagini, ormai anche i suoni. Dall'omino coraggioso del falò è passato qualche tempo e oggi raccontiamo storie in maniera più complessa, usando strumenti digitali, interattivi e dinamici. L'oggetto-libro resiste, perché continua a essere efficiente, ma viene affiancato da altro: video, software, app, realtà aumentata. Stiamo vivendo un'epoca di transizione e non sappiamo ancora in che modo usufruiremo delle storie tra cento anni.

Uno dei mezzi che la narrativa contemporanea ha fatto suo, per esempio, è il *graphic novel*, che supera le convenzioni del fumetto per divenire un vero e proprio "romanzo per immagini". Il nome che definisce questo medium indica proprio una certa complessità, sviluppatasi grazie alle autoproduzioni a partire dagli anni Ottanta ma che sono ormai parte integrante della produzione editoriale internazionale. È dagli anni Novanta che inizia la messa in commercio di prodotti autoconclusivi in volume e destinati al pubblico adulto, con la messa a fuoco su temi maturi che nulla hanno da invidiare a quelli della letteratura. A livello semiotico, il doppio codice (testo e immagine) permette di parlare al lettore trasmettendo sensazioni a più livelli: non solo parole, ma colori, segni, figure, il tutto legato al senso.

Nella nostra cultura, sempre orientata verso l'immagine, questo mezzo di comunicazione risulta molto significativo e raggiunge più facilmente anche i famosi non-lettori, intimoriti da pagine piene soltanto di testo, senza sacrificare la complessità. Si parla di multimodalità (parole e figure si legano indissolubilmente) e simultaneità (lo spazio esprime il passaggio del tempo, in termini visivi).

Nonostante gli esperimenti per realizzare narrazioni multilineari grazie al romanzo grafico, il lettore rimane fin qui comunque uno spettatore che non agisce direttamente. Lungi da me definire la lettura come attività passiva; ma l'interazione si fa spazio nei metodi di *storytelling*, arrivando a invadere settori considerati di esclusiva finalità ludica come quello dei videogiochi, in forte evoluzione al momento.

Le novità offrono spazi che un artista di oggi deve quantomeno saper esplorare. Anche se il vostro scopo è di scrivere e basta, vi invito a tenere in considerazione l'universo di possibilità che i tempi odierni ci offrono. Si potrebbero creare storie per *visual novel*, per videogame o app, audiolibri, esperienze virtuali e chi più ne ha più ne metta. In ogni caso, conoscere tutto ciò serve a chi si propone di creare del nuovo.

Rimanendo nel campo del libro, poi, un autoeditore come si deve saprà creare immagini promozionali accattivanti o booktrailer, dovrà impegnarsi nell'essere presente sulla rete tramite live e profili social, produrrà contenuti audio e video e saprà gestirli per sostenere la sua creatura artistica. **Sebbene sia romantico immaginare di avere successo grazie alla nostra spontaneità, producendoci da soli saremo dei piccoli imprenditori novelli e dovremo rimanere al passo con il mercato, in tutte le sue sfumature.**

8.3 – IL PUBBLICO, QUESTO SCONOSCIUTO

L'illusione del poter essere scoperti a tutti i costi è una trappola pericolosa ma seducente.

Spesso, l'aspirante ha la convinzione che per diventare un vero scrittore dovrà pubblicare con il grande marchio, in modo da vivere grazie ai guadagni che la vendita delle copie garantirà. La realtà è un po' diversa: anche guardando al contesto internazionale, **fare lo scrittore è splendido se si diventa ricchi e famosi, altrimenti è un problema**. Gli anticipi (sempre più rari) sono composti da cifre esigue, quasi mai corrispondenti alla quantità di lavoro necessaria per produrre un buon romanzo.

Autopubblicarsi può aggirare il problema dei filtri, ma non quello delle vendite. Pensare di poter vivere facilmente grazie alla scrittura è in ogni caso un obiettivo distante e complicato, che non consiglierei di porre come primo passo ma come idea eventuale, come sogno, senza però dimenticarsi delle necessità concrete del momento. Insomma, non lasciate il vostro lavoro quotidiano. Almeno per un po'.

Un problema da tenere in considerazione è il pregiudizio di editoria e pubblico. Del resto, da editori di voi stessi dimostrate una grande sicurezza in quel che avete scritto: nessuno vi ha scelto, avete fatto da soli e ciò non dice un granché sulla qualità di ciò che proponete. La pubblicazione in self viene considerata una vera pubblicazione o meno a seconda degli interessi di chi lavora nel settore editoriale: non lo è per il curriculum letterario dell'autore, lo è se la stessa opera viene riproposta per un catalogo "tradizionale". Chi vi giudicherà spesso non ha compreso cosa sia il mondo del self-publishing e rimane fermo nelle sue convinzioni anacronistiche, purtroppo. Dovete essere preparati a questo e l'unico modo per smentirli sarà mostrare qualità e dati di vendita certi, ammesso che ne abbiate.

Il pubblico ha le stesse convinzioni. La maggior parte dei lettori non sa che il self esista, in effetti; sono quelli che comprano soltanto in libreria e non si interessano ai dibattiti sulle autoproduzioni, perché hanno fiducia negli editori che preferiscono. Quel pubblico è lontano dall'autoeditore, quasi irraggiungibile, e non ascolterà le vostre ragioni. Capire a chi ci rivolgiamo, chi è il nostro target e chi potrebbe concederci una possibilità è fondamentale per non sprecare energie e tempo. **Non crediate di potervi presentare in librerie a caso per chiedere di piazzare qualche copia sugli scaffali: siate informati sul sistema fiscale e su come una libreria funziona, perché fare brutte figure non aiuta la vostra causa.**

Di recente, Amazon ha iniziato a offrirsi come distributore diretto per le librerie. Ciò significa che un libraio potrà ordinare un volume, anche autopubblicato, tramite la piattaforma, e fornirlo al cliente nel giro di pochi giorni. Questa possibilità è molto utile per chi si autoproduce, perché evita all'autoeditore di doversi presentare come commerciante, o di trattare su percentuali, acconti e fatture. Attenzione, però: i librai hanno un'opinione non molto positiva di Amazon, in quanto lo vedono come un concorrente spietato e pericoloso. Non saranno contenti di farne uso, dunque; alcuni si rifiuteranno del tutto, altri saranno poco aggiornati e cadranno dalle nuvole. Inoltre, non illudetevi che, data la possibilità, qualsiasi libreria inizi a esporre migliaia di libri autopubblicati senza conoscerli. Dovrete presentarvi comunque, e pure bene, per ottenere qualcosa.

Nonostante qui il self sia ancora nella sua preistoria, anche all'interno del panorama italiano troviamo esempi eccellenti che dimostrano le possibilità dell'autoproduzione libraria: uno di questi è Riccardo Bruni, autore "ibrido" partito da Amazon e approdato alla collaborazione con diversi marchi editoriali, come La nave di Teseo, Amazon Publishing e Effequ. Nel 2016 fece scalpore la sua presenza nella selezione dei candidati al Premio Strega; decine di articoli ne parlarono come del "primo libro autopubblicato" riuscito ad arrivare lì, anche se il titolo in questione era regolarmente edito da Amazon Publishing, vera e propria casa editrice. La pubblicazione era il risultato di una prima uscita in self, e l'editore lo aveva selezionato proprio tra le uscite indipendenti di successo della piattaforma; il modo in cui le testate ne parlarono in un periodo in cui era ormai pubblicato da un editore, però, mette in luce una grande ignoranza del giornalismo riguardo al mondo self.

Bruni ha agito bene e con grande consapevolezza, gestendo traduzioni e promozione come un vero esperto del campo. Ha lavorato con degli editor freelance, correttori di bozze e professionisti, ottenendo libri di qualità e indistinguibili da quelli all'interno dei migliori cataloghi editoriali.

Altro nome conosciuto è quello di Rita Carla Francesca Monticelli, autrice di romanzi fantascientifici e thriller. Nel 2012, pioniera dell'autoeditoria, iniziò a produrre la saga *Deserto rosso*, per poi pubblicarne anche le traduzioni in lingua inglese. Nel 2014 è stata nominata da *Wired Italia* tra i dieci migliori autori indipendenti italiani e in seguito ha partecipato da ospite a numerose manifestazioni e fiere del settore, e tenuto corsi in ambito universitario sul tema dell'autoproduzione editoriale. Nonostante la sua pubblicazione sia indipendente, la traduzione inglese de *Il Mentore* è stata prodotta da AmazonCrossing, che seleziona i testi migliori per tradurli e portarli nel mercato estero. Questo le ha dato accesso alla *International Thriller Writers Organization.*

Anna Premoli ha iniziato pubblicando il suo *Ti prego, lasciati odiare* in self, convinta che nessuno l'avrebbe mai scoperta nella massa di titoli autoprodotti. Pubblicata dalla Newton Compton, nel 2013 ha vinto il Premio Bancarella e oggi vanta una produzione vasta e di successo.

Stefano Lanciotti iniziò ad autopubblicare nel 2012 ed entrò

nel catalogo Newton con due thriller. In seguito tornò ad autoprodursi, raggiungendo le quarantamila vendite su Amazon grazie a
numerosi *fantasy*.

Ci sarebbero diversi altri nomi da citare, perché in realtà gli editori pescano sempre più dal mondo dell'autoproduzione e le storie
dello scrittore che "ce la fa" sono tante. In effetti non si può evitare
di notare come siano quasi sempre opere appartenenti a generi
precisi: rosa, romance, giallo, thriller, meno spesso fantascienza o
fantastico. La narrativa "non di genere" è ancora legata ai cataloghi tradizionali, perché i lettori che ne cercano tendono a non fi-
darsi delle autoproduzioni e danno valore alla selezione editoriale.

Di autori che tendono più al genere letterario pur autoprodu-
cendosi ne esistono parecchi e scovarli è complicato ma non impossibile: Silvia Pillin, Donatella Ceglia, Marco Freccero, Angela
Longobardi sono i primi nomi che mi vengono in mente, ma ce ne
sono altri. Se avete intenzione di essere autoeditori, partite dalla
partecipazione alla comunità e puntate a divenire anche voi parte
del gruppo di chi va supportato.

Un dato da valutare è la concreta possibilità di chi ha già lettori affezionati, che dagli editori prendono spesso quel "pregio" di
cui tanto si parla ma che poi tornano ad autopubblicare, perché
ritengono sia più conveniente. Non sempre l'obiettivo finale è il diventare scrittori che pubblicano regolarmente con grandi firme; **gli
editori a volte vengono, per così dire, usati allo scopo di ottenere
riconoscimento formale, proprio perché il pubblico è abituato ad
attribuirlo soltanto a chi firma contratti con realtà consolidate**.

Chi riesce a conquistare risultati eccellenti verrà di certo contattato da qualche editor o scout, alla disperata ricerca di nuove
voci. L'autore si ritroverà così in una situazione bizzarra: accettare
un contratto di pubblicazione con un editore significherà ottenere
guadagni minori e non poter essere liberi di gestire il lavoro come
prima. Dovrà scegliere, allora, tra quel riconoscimento spesso più

estetico che altro e l'attività indipendente. Non esiste una via giusta in assoluto: dipende da ciò che vorrà ottenere.

Ho citato nomi italiani, ma se volessimo allargare il discorso a livello internazionale tutto cambierebbe. In America e in Inghilterra la professione dell'autoeditore è ormai abbastanza diffusa, al di là degli immancabili pregiudizi, e sono in corso da anni dibattiti interessanti sul rapporto fra self ed editoria "tradizionale".

Un esempio da citare è quello di Jane Davis, inglese, autrice di numerosi romanzi non di genere (*literary fiction*) che ha scelto di autopubblicare dopo essersi scontrata con le pretese di un'editoria troppo legata alla commerciabilità. In un articolo da lei scritto per il blog reedsy nel 2016, dal titolo *Why I Self-Publish My Literary Fiction*, Davis spiega le sue ragioni con una testimonianza inquietante: racconta di essere stata selezionata da un'agenzia letteraria e di aver ottenuto da essa più che altro indifferenza, per poi avere l'attenzione degli editori solo dopo aver vinto il *Daily Mail First Novel Award*. Il prezzo da pagare per ottenere la tanto desiderata pubblicazione fu una serie di pesanti modifiche da apportare al romanzo, che l'autrice applicò senza essere d'accordo; la copertina e il titolo, poi, non le dicevano niente. Come se non bastasse, il suo libro fu categorizzato tra la "narrativa femminile", scelta che Davis trovò offensiva perché non si era mai riconosciuta in quella divisione netta tra libri per uomini e per donne. Potrà sembrarvi una questione sciocca, eppure la narrativa "femminile" è considerata da editori, critica e giornalismo come secondaria, insignificante e superficiale, dunque non aveva torto a vederlo come un insulto. Insomma: lei, in quanto esordiente e donna, non poteva aver scritto un romanzo degno di attenzione.

E ancora: l'editore rifiutò il suo romanzo successivo perché, disse, non rientrava più nel genere della narrativa femminile. Forse a causa del tentativo di venire giudicata al pari dei colleghi uomini, o forse perché l'opera successiva era troppo "alta" per essere vendibile, Davis venne infine abbandonata. Provò ancora con altre agenzie, ogni volta interessate a lei, ma si arrese di fronte alle richieste di modificare la trama per renderla più appetibile al mercato e decise di rimanere fedele alla sua scrittura.

Iniziò così ad autoprodursi, riscuotendo un bel successo e continuando a ricevere premi e riconoscimenti. Non è diventata ricca e super famosa, ma vive scrivendo e si ritiene più che soddisfatta del percorso scelto.

Chiariamoci: questa è l'esperienza che lei racconta. Da editor, riconosco subito i punti in cui le situazioni saranno state un po' caricate dalla classica rabbia dell'autore inascoltato (i titoli vengono spesso modificati, le copertine spettano all'editore) e non intendo sostenere che Davis sia una povera martire; è innegabile, comunque, che la sua esperienza sia molto comune, che spinga gli autori ad arrendersi o vendersi scegliendo di produrre opere di scarso valore letterario anche se avrebbero potuto fare di meglio. Se da un lato riconosco l'importanza del mercato, dall'altro trovo grottesco che qualsiasi autore debba essere forzatamente spinto dentro un contenitore prefabbricato.

Altri elementi del suo racconto, infatti, li trovo familiari. Il disinteresse, le attese infinite, le pretese di modifica in nome delle vendite e la richiesta di cambiare elementi chiave delle trame sono tutte cose accadute anche a me e a tantissimi autori in gamba con cui ho lavorato. **L'autoproduzione, a volte, diviene uno strumento di autodifesa**. Non lo sottolineo per sostenere che sia l'unica via, o che sia la migliore; volendo essere realisti, però, bisogna ammettere che l'editoria di oggi maltratta gli autori un po' troppo, e che sia soltanto naturale che quegli autori (specialmente se bravi e interessati all'espressione artistica) se ne allontanino. Forse dovremmo tentare di capire come stanno veramente le cose.

8.4 – E QUINDI?

Se l'editoria è così orientata verso il mercato, se i cancelli sono chiusi e venite rifiutati ancora e ancora, se il vostro è un bel romanzo ma non riuscite a trovare collocazione, dovreste autopubblicare? Penso possiate indovinare la mia risposta: dipende.

Se volete farlo per sfizio, per togliervi una voglia, fate pure. Sarà di certo più facile e comodo scegliere questa via, se vi basate su un desiderio egoistico e di puro piacere personale. Se però dietro alla scelta c'è un progetto a lungo termine, occorre fare attenzione ai dettagli.

Esordire con un micro editore può essere una bella scommessa: spesso, il risultato è a dir poco deludente. Eppure, scegliendo una realtà seria, l'esperienza che si vive è preziosa. Lavorerete con un editor, seguirete il processo di pubblicazione e vi confronterete con un pubblico, che probabilmente vi deluderà, ma che vi insegnerà cosa significa essere degli autori. Il mio consiglio è, in sostanza, di non gettarsi in un'impresa più grande di voi senza avere alcuna esperienza pregressa. Eviterete molte trappole, con un po' di pelo sullo stomaco; provate prima a osservare come si muove un editore, poi potrete raccogliere quel che avete imparato per diventare editori di voi stessi. Non è obbligatorio, nulla vi impedisce di lanciarvi da soli fin da subito, ma è un consiglio che mi sento di darvi.

Quel che è importante davvero, in ogni caso, è che proteggiate la vostra opera. Anche se siete alle prime armi, anche se ha un sacco di difetti, anche se non vi renderà mai ricchi e famosi, è vostra. Non regalatela al primo che capita, ma siatene gelosi come Gunkan (un altro mio gatto, perché sì, mi piacciono i gatti) lo è con la sua pappa.

Un bravo autoeditore, del resto, non è pieno di rancore nei confronti di un'editoria malvagia che continua a rifiutarlo, ma conosce a fondo il mondo dei libri e sa orientarsi senza frustrazioni inutili. In caso stiate vivendo il (normale) momento in cui detestate gli editori perché nessuno si decide a rispondervi, datevi il tempo di respirare, calmarvi e studiare. Servirà porsi le domande giuste, saper attendere, vivere quella "gavetta" che spetta a chiunque e scegliere con criterio. Concedetevi un momento per essere sicuri; l'editoria non è brutta e cattiva e non ce l'ha con voi, e lavorare guidati da questi sentimenti non sarà d'aiuto alla carriera che state cercando di ottenere.

Insomma, niente pubblicazioni vendicative. Si autopubblica sempre per scelta, ma se l'unica motivazione che vi muove è la vendetta c'è qualcosa che non va.

9
LA PRIMA STESURA

Bernard Malamud pretendeva di ottenere subito un paragrafo perfetto; era disposto a riscriverlo trenta, quaranta volte, ma doveva soddisfarlo in pieno. Altri scrittori affrontano invece il primo approccio con il testo basandosi sull'esigenza di proseguire: non importa come sarà, tanto potranno sistemare dopo.

Ogni creativo ha un suo metodo personale che ha costruito e messo alla prova nel tempo. Non esiste il modo "giusto" di affrontare una stesura, perché non esiste il modo corretto di scrivere. Tuttavia, il momento in cui la storia inizia a esistere rimane determinante. Penso sia la fase in cui l'autore è più fragile e rischia di scoraggiarsi, bloccarsi o circondarsi di trappole.

Un altro comportamento che può variare molto è il rapporto con il primo lettore. C'è chi mostra subito le pagine a qualcuno, anche se sono ancora soltanto un paio, ed è avido di pareri. Altri attendono di aver finito e non accettano di venire influenzati prima di essere giunti alla conclusione. Anche in questo caso, è opportuno sperimentare e vedere come va: se siete alle prime armi, potreste sentirvi confusi nel ricevere critiche quando state ancora ideando la trama; oppure, ricevere opinioni fin da subito potrebbe incoraggiarvi a continuare.

Un'abitudine che ho notato è di parlare del fantomatico "autoediting", che ad alcuni basterebbe per ottenere una stesura completa e pulita. Vi svelo un segreto: l'editing richiede la collaborazione di due menti, quindi è impossibile farlo da soli sul proprio testo. **La revisione dell'autore è necessaria e utilissima, però poco c'entra con il confronto consapevole e approfondito che otterrete da un professionista.** Per arrivare a quello è consigliabile partire dalla rilettura, passare dal parere di almeno un beta-reader e poi, alla fine, affidarsi agli occhi estranei ma empatici di un editor competente.

9.1 – SCALETTE

La costruzione della trama è il modo in cui lo scrittore esprime la sua intenzionalità. Lasciare che si costruisca da sola è uno degli errori più comuni tra gli autori alle prime armi e porta quasi sempre alla deriva.

Occorre dare coesione e senso alle azioni dei personaggi e agli eventi che compongono l'intreccio, per guidare il lettore verso una rivelazione finale. Nella narrativa di genere, spesso disprezzata perché molto legata al concetto di trama, il pubblico sa già cosa aspettarsi: verrà sorpreso dai dettagli, ma ritroverà simboli, intrecci e personaggi simili, senza che la storia sia plasmata su uno specifico mondo narrativo unico e irripetibile.

Nel Ventesimo secolo abbiamo iniziato a guardare alla trama con un certo sospetto, accusandola di incasellare troppo le storie e di renderle poco originali. Da qui è nata l'antitrama, cioè un approccio funzionale più a rendere le sottigliezze di un personaggio che a condurre il lettore a scoprire "come finisce".

Per gli autori di oggi, l'idea di seguire un percorso già stabilito è terribile. Sentono che impedirà loro di esprimersi liberamente e limiterà il valore del romanzo, rendendolo uguale a mille altri. Il dibattito sul valore della narrativa di genere è aperto e infuocato, ma senza dubbio l'eccessiva generalizzazione è sempre un errore; la struttura basilare delle trame è sempre simile, ma nulla ci impedisce di inserire elementi originali.

Al di là di una pianificazione secondo strutture predefinite, l'uso della scaletta divide. Alcuni autori scrivono di getto, altri non riuscirebbero mai a portare avanti la prima stesura senza di essa. Mi viene domandato quasi ogni giorno se consiglio o meno di usarla e la risposta, pensate un po', è: dipende.

I primi esperimenti di un autore, e a questo dobbiamo arrenderci, saranno goffi. Si metterà a scrivere seguendo l'eccitazione del momento, senza avere idea di come andrà a finire la sua storia e di cosa succederà. Una conseguenza comunissima è la bozza che inizia bene, ha una parte centrale molto noiosa e poi si conclude in modo poco comprensibile. Chi ha scritto ha cambiato idea diverse volte, ha continuato trascinandosi, ha deciso che poi era il momento di finire e ha chiuso in fretta. Questo fa subito pensare all'assenza di ogni pianificazione e, purtroppo, non produce risultati positivi.

Dopo il primo tentativo, sarà chiaro che serva un piano. Il secondo esperimento è di solito migliore, più coerente, dalla struttura più curata. Spesso manca comunque un'idea del punto finale, ma ci sarà un passo in avanti. È qui che, secondo me, bisogna capire se ci serve la scaletta o no.

Ciò che sarebbe bene evitare è la ricerca isterica del modo giusto per comporne una. **Solo attraverso la sperimentazione, il singolo autore verificherà cosa funziona meglio per lui**: sarà uno schema dettagliato, che affronta ogni scena, oppure uno scheletro sommario? Aiuterà definire in partenza ogni passo, o i particolari verranno inventati sul momento? Non importa. Per alcuni sarà meglio pensare a tutto, per altri no.

Quello che ho imparato dalla mia esperienza come autrice è che coccolare l'idea aiuta molto, in ogni caso. Prima di gettarsi sulla pagina sarà meglio pensarci bene e provare a identificare cosa racconteremo. Ok, sotto la doccia ho pensato che scriverò un romanzo in cui un poveraccio vince alla lotteria trovando un biglietto abbandonato. Ottimo! Adesso mi fermerò a chiedermi: e poi cosa succede? Personalmente non scrivo scalette, però le creo nella mia testa. Non sono troppo dettagliate, ma sono piene di domande.

Ho scoperto a mie spese che limitarsi a trovare la premessa drammaturgica, cioè l'essenza della storia in poche parole (*poveraccio vince alla lotteria per caso*), non basta. Quando ne troviamo una che ci soddisfi siamo pieni d'entusiasmo e vogliamo subito iniziare, ma non è il momento. Insomma, cosa accadrà a questa persona? Chi è lui, e perché la storia della sua vincita sarà interessante? Cosa desidera, cosa cerca, in che modo la ricchezza economica improvvisa modificherà i suoi desideri e i suoi conflitti? Chi incontrerà? E così via. Come vedete, ogni premessa suscita tanti interrogativi. Ecco: fermatevi a rispondere, su carta o meno, prima di scrivere un incipit. Se lo farete, magari non dovrete poi cestinare e riscrivere tutto.

9.2 – IL FAMIGERATO BLOCCO

Vi è mai capitato di vivere il famoso "blocco dello scrittore"? Credo sia un'esperienza comune.

Ogni tanto, la fonte della creatività sembra inaridirsi. Le idee, che prima sgorgavano come se niente fosse, non arrivano più, e

l'autore si dispera. L'improduttività genera frustrazione e si auto-alimenta.

Di solito questo problema è l'indizio di qualcosa e andrebbe ascoltato. Prima di arrendervi all'inattività, domandatevi cosa è successo: state forse portando avanti la stesura di un romanzo che in fondo non vi convince? Avete affrontato di recente una grossa delusione, magari un rifiuto da un editore o un'agenzia? Qual è la vostra motivazione, nella scrittura?

Ciò che ho imparato è che quando un autore si blocca ha bisogno di spazio. Non costringetevi, uscite di più e, semplicemente, vivete. Datevi il tempo per riflettere e capire come mai state facendo esperienza di quella difficoltà. La vostra storia non scappa; se non avete ancora contratti con scadenze prefissate, approfittate della libertà per dedicarvi a qualcosa di piacevole.

Da autrice, ho notato che mi blocco se la storia non regge, se mi rendo conto di dover modificare punti importanti e magari non ne ho voglia. Forse non ho chiaro quale sia il problema e quindi mi spavento: non dovrò mica buttar via tutto, vero? A quel punto, scatta il rifiuto nei confronti della pagina. Ogni volta ho risolto dandomi tempo e modo di pensarci sopra, senza paure. Le idee poi sono tornate, anche quando c'era in effetti bisogno di riscrivere pezzi importanti.

Imparate a perdonarvi. Scrivere non è un dovere, almeno per ora; fatelo senza pressioni, senza patemi. Forse un giorno dovrete imparare a rispettare delle scadenze e a imporvi la produzione, ma se non è questo il caso… respirate, e divertitevi.

Nella puntata numero cinque del podcast *Your creative push*, che trovate su Spotify, l'ospite Justin Gray esordisce dicendo (in inglese): "Al mondo non importa che tu inizi, gli importa che tu finisca". Ho ascoltato l'episodio in sottofondo mentre facevo le pulizie, come spesso capita, e questa frase mi è rimasta in mente.

Sono convinta che il peso delle aspettative riguardo alla propria opera sia l'ostacolo maggiore per un aspirante autore. Da un lato ci entusiasma e non vediamo l'ora di finire, per poter rimirare cosa abbiamo combinato di bello e cosa accadrà; dall'altro, esistono domande insidiose che potrebbero tormentarci. E se va male? E se nessuno vuole leggermi? E se…?

A questo proposito, citerò un'altra *quote* che va molto sui social in questo periodo: *What if you fail? But what if you succeed?*

Sarei lieta di citarne la fonte originale, ma pare si sia perduta nella rete. In ogni caso, recita una grande verità. **Rimaniamo paralizzati di fronte alla possibilità dell'insuccesso, come fosse l'unica, creando così una profezia che si autoavvera.**

A volte basta una coccola, come la lettura di quelli che definisco "libri caramella": si tratta di brevi manuali creati proprio per motivarci. Non sono un'appassionata di self-help, ma devo ammettere che mi è successo di trarne giovamento. Per esempio, durante un momento di blocco ho letto *The successful author mindset* di Joanna Penn, in lingua inglese, e subito dopo ho ripreso a scrivere. Tra quelle pagine non c'era alcun segreto o formula magica, eppure con me ha funzionato.

In altre occasioni, ho ripreso l'ispirazione dopo la lettura di un ottimo romanzo; mi ha fatto tornare la voglia di partecipare a questa bella giostra che è l'espressione creativa.

Proprio perché l'ho vissuto, ritengo che non esista una cura valida per tutti a quel blocco malefico. Dice qualcosa su di noi. Che sia indice di un'imperfezione profonda nella storia, o che esprima le vostre paure sul fallimento, stanchezza o inaridimento creativo, potrete superarlo affrontando voi stessi.

9.3 – LA PAROLA FINE

Esiste un particolare tipo di autore che somiglia a Penelope, la moglie di Ulisse. Lavorare con lui da editor può risultare estenuante: non finirà mai di rileggere, rivedere, modificare, e la bozza non gli sembrerà mai pronta.

Come qualsiasi buon genitore sa, arriva un momento in cui bisogna lasciar andare i propri figli. Il confronto con il mondo esterno è duro, ma utile e soprattutto necessario. Se anche voi siete degli autori-Penelope, sappiate che dovreste arrendervi: **a volte, la stesura è quella definitiva ed è completa**.

La rilettura attenta rimane uno strumento impagabile e non sarò io a dirvi che essere scrupolosi non sia un pregio, però abusarne vi porta all'errore. Conoscere a memoria un passaggio molto emotivo ve lo farà vedere come noioso e inizierete a chiedervi se non sia il caso di tagliarlo, quando magari era il migliore di tutto il romanzo; modificare lo stile fino allo sfinimento lo altera e spesso lo snatura. Quando giunge il momento, occorre posare la penna (o la tastiera).

Anche in questo caso, il supporto del confronto è indispensabile. I più insicuri avranno non poche difficoltà a decidere quando un lavoro sia concluso, ma potranno trovare un aiuto prezioso nel parere altrui.

Compagno prezioso dello scrittore, il beta-reader è un lettore che si presta gratuitamente per leggere e valutare un testo. Non si tratta di un professionista e non ha il dovere di correggere ogni refuso o segnalare qualsiasi problema, ma soltanto di restituire le sue impressioni personali. A volte è un aspirante lavoratore editoriale, che fa esperienza mettendosi a disposizione di chi scrive senza richiedere compensi.

Trovarne di validi non è semplice: occorre procedere per tentativi e vivere esperienze surreali, prima di avere una squadra fedele e capace. **Gli scrittori con grande esperienza hanno sempre almeno due o tre "primi lettori", a cui affidano le bozze acerbe dei loro romanzi**. Queste squadre vanno costruite nel tempo, con pazienza.

La difficoltà più grande sembra essere proprio il momento d'incontro fra autori e beta: da editor freelance, mi trovo in mezzo tra le due categorie ed entrambe chiedono a gran voce "ma come faccio a raggiungere l'altra?". Basta frequentare l'ambiente della scrittura: le community, i forum, i gruppi su Facebook o su Telegram. Vi assicuro che non è difficile, bisogna soltanto iniziare.

Su Instagram, per esempio, diversi autori hanno iniziato a usare l'hashtag *#scrittorinonisole*, che permette di trovare altri aspiranti o persone interessate all'attività scrittoria. Gli hashtag sono etichette diffuse sui social e fungono da collegamento fra contenuti simili; se non avete idea di cosa io stia dicendo, sappiate che è ora di informarsi. La reticenza nei confronti della rete non gioca a vostro favore.

Il rapporto con un beta-reader, come dicevo, va coltivato. Succede di affidare in lettura il nostro prezioso testo e poi rimanere delusi, perché quel lettore è scomparso per quindici anni ed è infine tornato a dirci solamente "sì, molto bello" o "mi è piaciuto", giudizio che purtroppo non aiuta e non significa nulla. Oppure, qualcuno potrebbe muovere critiche ben poco argomentate, piene di rancore insensato, prive di delicatezza o davvero sciocche. Capita, ed è compito dell'autore divenire capace di selezionare e decodificare.

Un bel lavorone, insomma, che rimane però tappa obbligata. **Scriviamo per i lettori, com'è giusto che sia, e dobbiamo quindi abituarci ad ascoltarli**. I suggerimenti che riceveremo, credetemi, saranno preziosi in ogni caso, anche nei peggiori, e ci permetteranno di presentare delle bozze già pulite a editor o lettori professionali.

9.4 – IL PROCESSO DI REVISIONE

In genere si tende a pensare che un genio sia in grado di produrre l'opera completa al primo tentativo, ma in realtà quelli che oggi indichiamo come geni hanno lavorato a lungo sulla revisione dei propri scritti.

L'idea per cui sia possibile raggiungere la perfezione è un po' strana: cosa significa, di preciso? Come si fa a sapere a che punto fermarsi?

La revisione è un momento di importanza fondamentale, perché permette all'autore di confrontarsi con la storia nella sua interezza e di vedere incongruenze e buchi nella trama. Rileggendo sa già cosa accadrà dopo, cosa che gli permette di verificare l'insieme. L'attributo che determina la fine del lavoro è il raggiungimento di una versione "valida" dell'opera. Cosa significa? Non è possibile determinare un criterio oggettivo per quella validità, perché dipende dal caso specifico. Un romanzo è valido se esprime l'intenzione dell'autore in modo efficace, se centra il suo target di riferimento, se è significativo e ben scritto e se possiede coerenza interna. Come potete notare, nessuna di queste caratteristiche ha a che fare con la matematica. Chi decide cosa sia significativo e cosa no? E come facciamo a essere sicuri che un target sia più adatto di un altro?

Spesso mi viene chiesto se gli editor siano oggettivi. È una domanda buffa, perché l'atto di valutare qualcosa è per forza almeno in parte soggettivo; un professionista dovrà di certo basarsi sulle proprie competenze ed evitare di offrire un giudizio affrettato e di scarsa utilità, però rimane una persona, con i suoi gusti e le sue inclinazioni. Un ottimo romanzo può non accendere l'attenzione di qualcuno, o al contrario un editor può essere convinto di trovarsi davanti a un capolavoro e vederlo fallire. Detto ciò, la valutazione professionale non è un gioco e si basa su conoscenze specifiche, finalizzate proprio a rintracciare nel testo elementi conosciuti e riconoscibili. La parte soggettiva rimane importante, altrimenti sarebbe un lavoro meccanico e poco adatto all'attività artistica. Insomma, gli editor provano a essere oggettivi ma non rinnegano il loro cuore.

Proprio perché anche un professionista è fallibile, l'editing non può che essere una collaborazione. **L'autore ha il diritto di opporsi ai suggerimenti e rimane il padrone del proprio testo, dunque non ha senso temere interventi invasivi.** Se ce ne sono, e se chi ha scritto non era d'accordo, tenete a mente che la legge sul diritto d'autore non permette di modificare in maniera arbitraria un'opera di ingegno altrui se non esiste un motivo.

Senza pretendere di esaurire questo argomento, che meriterebbe un saggio a parte (e proverò a cimentarmi anche in quell'impresa, promesso), ci tengo a sottolineare che l'editor non è un *ghostwriter*, cioè non si occupa di confezionare storie pronte. A scrivere sarà comunque l'autore, in un'attività di collaborazione, crescita, maieutica e formazione.

Ed eccoci alla domanda da un milione di dollari: serve assoldare un editor di fiducia, per scrivere bene? Per una volta, posso rispondere con certezza: sì, serve.

Certo, una bella dose di cautela e consapevolezza sarà utile in ogni caso. Selezionare il professionista giusto, con cui andiamo d'accordo, che lavora come si deve e che conosce realmente il mondo editoriale può non essere semplice. Tuttavia, e questo lo dico da autrice, ciò che può dare un editing ben fatto è determinante per la crescita di un autore. Affidarsi a un bravo professionista ci porterà anche a scegliere il servizio più adatto a noi, non sempre così oneroso come si dice in giro. **Mettersi in gioco è importante; se pensate che scrivere sia una questione da poco, che potete risolvere da soli senza mai alcun confronto, ripensateci.**

Non si parla, sia chiaro, di una persona che per qualche ragione è più intelligente di voi e può quindi correggervi. Non c'entra l'adeguarsi al mercato (può essere un obiettivo, ma non è detto che sia il vostro). C'entra soltanto portare avanti l'interesse della storia e dell'autore; è questo, in poche parole, il mestiere dell'editor.

10
QUEL CHE CONTA DAVVERO

Abbiamo già parlato, nel primo capitolo, di come l'*Homo Sapiens* possieda la capacità di creare rappresentazioni, usando la creatività e la propensione al *problem solving*. Nonostante sia chiara la spontaneità con cui ci dedichiamo alle attività artistiche, la domanda "a cosa serve l'arte?" o, in questo caso, "a cosa serve la letteratura?", continua a tormentarci.

Vi farò subito uno spoiler: non esiste un'unica risposta certa. I teorici delle narrazioni litigano spesso tra di loro e hanno opinioni differenti, spesso inconciliabili. Mentre il mondo accademico riflette e si interroga, però, noi continuiamo a usufruire delle storie e a trarne dei benefici. Potremmo dire senza timore che questo sia un fatto: basiamoci sui fatti, allora.

Lo strumento principale che ci ha condotti allo stile di vita odierno è la cultura umana, concetto astratto ma anche molto concreto. **Viviamo tutti immersi in un contesto per il quale dobbiamo ringraziare gli antenati, che hanno costruito per noi non soltanto strade e palazzi ma anche modi di vivere e pensare.** La tendenza al pensiero narrativo ha avuto un enorme ruolo in tutto questo; sarebbe sciocco dimenticare quanto le storie ci siano utili per evolverci e divenire sempre più capaci di affrontare il mondo.

Partecipare come autori al racconto continuativo che segue la storia dell'umanità vuol dire accettare di esserne responsabili; faremo la nostra piccola parte, che magari rimarrà inascoltata o non modificherà la vita di miliardi di persone, eppure aggiungeremo qualcosa al contesto d'insieme. Sentire questa responsabilità è a mio parere necessario, per creare opere significative.

Le nuove proposte che affollano le librerie possono confonderci: da un lato sembra che l'editoria sia ormai estremamente democratica, visto che permette di pubblicare anche a star della televisione, calciatori o YouTuber, ma dall'altro l'estrema competizione crea un mercato agguerrito e caotico, in cui si va alla ricerca di un *concept* prefabbricato che sia garanzia di vendita. La scrittura su commissione, che fa ancora sollevare eserciti di sopracciglia e che sembra in sé qualcosa di volgare, va per la maggiore. Che sia un *ghostwriter* a fabbricare il prodotto, o che sia uno scrittore a seguire indicazioni più o meno precise, questa tendenza si scontra con l'ispirazione spontanea e libera degli aspiranti autori alle prime armi. Come faremo a vincere, senza sapere che tema va di moda quest'anno? Sarà giusto proporci lo stesso, sperando nella buona sorte, oppure dovremmo piegarci alle usanze del settore?

10.1 – LA LETTERATURA COME FINE

Raffaele La Capria, nel suo *Il sentimento della letteratura*, dice che il patrimonio letterario rappresenta la memoria del genere umano. La scrittura, per lui, non dovrebbe essere al servizio di niente e nessuno se non della letteratura stessa. L'autore che si avvicina a questa forma d'arte interpreta ed esprime lo spirito del tempo, donando ai suoi simili qualcosa che rimarrà e che loro, un domani, potranno riprendere per proseguire nel cammino. **L'arte è quindi l'unione del talento personale e del contesto socio-culturale in cui l'autore vive, e dà origine a un insieme maggiore della somma dei suoi elementi**.

Nel momento in cui un aspirante autore decide di scrivere e poi di condividere il suo lavoro, entra come nuova voce nel mondo delle lettere e della cultura. La mia impressione è però che in pochi si rendano conto del valore, almeno potenziale, che la loro opera potrebbe avere.

Sia chiaro, non voglio essere troppo idealista: uno scrittore merita di guadagnare dei soldi e di vivere dignitosamente come chiunque altro. Eppure, pian piano stiamo dimenticando il livello che sta sopra il lato imprenditoriale della scrittura: quello del senso, del contributo che l'artista dà a tutti noi.

Il lato commerciale rimane necessario, ma non può diventare l'unico. Se il ruolo dell'imprenditore è di considerare principalmente il guadagno, quello dell'artista non può essere lo stesso; ripeto, non nel senso che dovrà rimanere insensibile ai soldi, ma che dovrà considerare l'opera come mezzo di espressione e non solo di guadagno economico.

In editoria si usa dire che sia più in gamba colui che non sa di essere bravo e si mantiene umile, quasi disinteressato al destino dei suoi libri. Di autori così ne esistono ben pochi, però, perché è ovvio che chiunque abbia desideri e aspettative, riguardo alla fama, alla retribuzione o alla diffusione di quel che scrive. Preferirei invitare all'accostamento, nel lavoro come scrittore, di desideri e responsabilità. Senza pretendere che a scrivere sia una sorta di santo devoto al bene degli uomini, dovremmo chiedergli di tutelare il fine stesso dell'arte, nel portare avanti la sua attività. E quale sarebbe? Non altro che l'arte stessa, di base.

Troppi aspiranti autori partono dal presupposto di volersi arricchire. Questo obiettivo, se rimane l'unico, difficilmente porterà mai a una produzione di valore. Certo, potrebbe succedere che un'opera valida a livello letterario abbia anche un enorme successo commerciale, ma il punto di partenza di chi la crea ha un suo peso. **Se iniziate a scrivere convinti di volervi adattare del tutto al mercato, dimenticando il motivo per cui vi siete avvicinati al mezzo della parola, è probabile che rimarrete distanti dal successo che vi aspettavate.**

Una soluzione semplice, come sempre, non esiste. Secondo me è proprio compito degli artisti quello di mediare tra interessi e libera espressione. Attenzione, però: se cediamo del tutto alle logiche del guadagno, abbandoneremo l'impresa di trovare questo equilibrio. Usando come scusa l'atteggiamento degli editori o dei lettori, stiamo tradendo ciò che volevamo curare.

Tra tutte le persone che leggeranno questo mio saggio, forse almeno una prima o poi produrrà un'opera di valore letterario. Vorrei rivolgermi a quella, che sarà incerta sulle proprie capacità e non sarà convinta di essere il destinatario delle mie parole: cosa diverrà l'arte della scrittura in futuro dipende anche da te. Ricordalo.

10.2 – LE RESPONSABILITÀ DELLA PENNA

Se capitasse che un accanito lettore, ispirandosi a una vostra storia, compisse un omicidio, come vi sentireste? Riterreste di esserne responsabili, e dunque di aver causato la morte di una persona, oppure scrollereste le spalle?

Rifletto su questo tema quando mi capita di leggere romanzi indirizzati agli adolescenti, se fanno leva su facili stereotipi e su una certa morbosità. Se ne parla parecchio, da un po': è giusto raccontare amore e passione mettendo in scena rapporti a dir poco problematici, elevandoli a ideale? Il genere *romance*, che di per sé non ha nulla di sbagliato o poco etico, va bene anche se racconta di omoni nerboruti che maltrattano donne mal caratterizzate e prone a innamorarsi del molestatore di turno?

Non è compito dello scrittore, quello di inserire una morale nella sua storia. Eppure, anche senza volerlo, mettiamo sempre qualcosa di noi, di come vediamo il mondo, in ciò che creiamo. I personaggi non parlano con la nostra voce, ma li gestiamo in base a quel che conosciamo, anche quando li rendiamo antagonisti crudeli. Scrivendo comunichiamo e inviamo messaggi, che avranno un impatto sul lettore.

Se lo scopo della letteratura è di trasmettere qualcosa, sta a chi scrive il compito di decidere cosa e come. Ovviamente, non tutto è controllabile: accadrà comunque che qualcuno si riveda nelle nostre parole, in maniere che non avremmo mai previsto. Questo dovrebbe sollevarci da ogni responsabilità? Oppure dovremmo riflettere a fondo su cosa diciamo al pubblico, in particolare se ne scegliamo uno giovane e influenzabile?

Tutto ciò vale anche per quel che riguarda la rappresentazione delle diversità, oggi in voga come fosse una vera e propria moda, ma importantissima a livello culturale e sociale. Ne approfitteremo per sfruttarla e pubblicare più velocemente, oppure la gestiremo da persone serie e ci impegneremo per aggiungere qualcosa alla cultura collettiva?

Sarebbe facile usare i *trend*: allora scriveremo opere commerciali e superficiali perché sono quelle che "vanno", inseriremo personaggi di generi o orientamenti variegati solo perché "tira", senza approfondire grazie alla ricerca e all'ascolto, o ancora ci faremo portatori di messaggi dolosi scrollando le spalle e sostenendo che l'editore, in fondo, vuole roba così.

L'arte è sempre lotta e non è mai innocente. La voce dell'artista, del creativo, ha il dovere di ergersi sull'ignoranza, prendere per mano il ricordo del primo uomo che ha narrato e proseguire insieme, su una via comune che ha uno scopo: andare avanti, incontrare significati nuovi, evolversi e far evolvere.

Proprio per questo, però, da lettori non dovremo fare l'errore di dare per scontato che ogni personaggio sia un "portavoce" del suo autore. Per parlare di violenza, anche con lo scopo di sensibilizzare e combatterla, servirà mettere in scena azioni violente; per accendere dibattiti sulle discriminazioni serviranno personaggi che discriminano; per affrontare temi importanti sarà necessario trattarli con serietà, in maniera approfondita, e dunque potrebbe essere necessario inserire scene disturbanti.

Un personaggio che compie azioni oggettivamente riprovevoli, ma lo fa da essere umano ben caratterizzato, può diventare il simbolo di ciò che l'autore intendeva comunicare. L'esempio classico è ormai Walter White, dalla serie TV *Breaking Bad* che di certo conoscete. Walter ci mette alla prova: uccide, inganna e manipola, infrange la legge in mille modi, eppure noi spettatori lo adoriamo e facciamo il tifo per lui. Significa che siamo tutti dei criminali? Be', no, più che altro siamo tutti umani come lui e abbiamo sentito (data l'ottima caratterizzazione) il suo dolore, abbiamo empatizzato a fondo con la sua situazione. Se ci pensate un momento, è buffo che Walter venga amato da quasi tutti mentre sua moglie Skyler rimane forse il personaggio più odiato della storia. Chi la detesta cita come sue colpe diverse scene in cui è in effetti poco simpatica, ma sembra dimenticare di star tifando per un criminale vero e proprio, per poi accusare una persona nervosa che è stata manipolata e che soffre la solitudine. Non è mia intenzione difendere Skyler, so che molti di voi la odieranno, però dovete ammettere che il lavoro di sceneggiatura della serie è il motivo per cui Walter ci sta più simpatico rispetto a lei. Questo è deprecabile? Non credo proprio; serve alla storia, per trasmettere quel che l'autore voleva dire. Tra l'altro, penso spinga a riflettere su come il nostro senso della morale venga influenzato facilmente dall'emotività.

Un altro caso storico è quello di *Rage*, romanzo di Stephen King tradotto in italiano come *Ossessione*. Parla di Charlie Decker, ragazzo che cova un enorme rancore nei confronti del mondo e dei suoi coetanei. Dopo essere stato espulso da scuola a causa del suo comportamento, Charlie decide di prendere in ostaggio i compagni di classe, uccide un insegnante e inizia a negoziare con la polizia, divenendo in tutto e per tutto il classico "shooter" americano. La sua psicologia viene sviscerata fino in fondo, cosa che lo rende un personaggio con cui è possibile empatizzare. *Rage* venne pubblicato nel 1977, anche se King lo aveva scritto tempo prima, e suscitò l'interesse di adolescenti che in seguito misero davvero in atto dei massacri scolastici, come Michael Carneal che ne teneva una copia nell'armadietto. Notando l'associazione del libro con diversi episodi simili, fra i quali addirittura gli accadimenti di Columbine, King lo fece ritirare dal mercato. In un'intervista, dice di non esserne mai stato troppo convinto, che si trattava di un'opera giovanile, e che, pur ritenendo che la lettura di un romanzo non basti per creare degli assassini, persone già fragili potrebbero sentirsi spinti ad agire grazie a quella storia. Insomma, lo cancellò per precauzione, ma stava in effetti diventando il manifesto dei giovani *shooter* scolastici in America. Colpa dell'opera, dunque? Era giusto cancellarla?

John Gardner, scrittore e insegnante americano, nel suo *On Moral Fiction* sottolinea l'importanza del fine morale dell'arte. Lo scopo di chi la crea dev'essere, dice, il miglioramento del mondo, *"a game played against caos and death"* (un gioco contro il caos e la morte). Questo miglioramento potrebbe includere anche i lati più controversi dell'animo umano? Se così non fosse, in fondo, non avremmo opere come Lolita di Vladimir Nabokov, da sempre oggetto di dibattiti infiniti; eppure, rappresentazioni superficiali possono danneggiare intere categorie.

Nel documentario *Disclosure: Trans Lives on Screen*, presentato nel 2020 al *Sundance Film Festival* e distribuito da Netflix, diretto da Sam Feder, si parla di come le persone trans vengano rappresentate nei media, in particolare in cinema e TV. Guardarlo suscita quasi dei sensi di colpa, per chi come me era ragazzino negli anni '90: la rappresentazione della transessualità che ha accompagnato la mia generazione era in effetti imbarazzante. C'è un motivo se la maggior parte dei miei coetanei, oggi vicini ai quarant'anni, associa la parola "trans" con l'immagine di un uomo travestito da donna dedito alla prostituzione per strada. Il documentario sottolinea sfumature importanti: nel cinema, il personaggio trans è circondato da violenza (di solito è la vittima di omicidio, oppure viene picchiato), delude chiunque lo circondi (spesso il partner ignaro, che puntualmente vomiterà) oppure è ridicolo e deve far ridere. Probabilmente nessun regista o sceneggiatore intendeva far del male alla comunità trans, ma queste immagini, ripetute e ripetute, hanno forgiato l'immaginario delle masse e reso difficile l'integrazione.

Chi scrive deve sempre manipolare il lettore, in un certo senso. E questa è di certo una grande responsabilità, in positivo e in negativo. Dovrete stare attenti a gestire lo "sguardo" di chi legge, pur lasciando libero il lettore di crearsi le sue opinioni. Le scelte che farete contribuiranno alla costruzione di temi, messaggi e atmosfera; se ne sarete consapevoli e se il vostro fine sarà *la storia*, la sua coerenza e bellezza, allora non avrete torto.

10.3 – COME FUNZIONA IN REALTÀ

L'aspirante autore deve percorrere una via ricca di insidie, da solo e rimanendo umile. Come potete immaginare, e come è probabile sappiate benissimo, non è proprio una passeggiata.

Della "sindrome dell'impostore" se ne parla dal 1978, quando le psicologhe Imes e Clance decisero di chiamare così la tendenza a ritenersi degli incapaci che fingono, nel momento in cui si ottiene successo. Capita in particolare ai creativi, perché è facile darsi valore in base a quel che si crea e al giudizio altrui. Chi ne soffre è convinto di rischiare lo smascheramento da un momento all'altro, ma spesso rimugina sulla questione senza alcun motivo. Ne soffriamo un po' tutti, in fondo, perché siamo umani e insicuri.

Ho il sospetto che anche prima del Novecento gli artisti ne abbiano fatto esperienza. **Temere di non essere abbastanza, di non venire mai accolti e ascoltati, di fallire davanti a tutti è la fobia tipica di chi si espone con opere d'ingegno, e forse è inevitabile. Bisogna imparare ad affrontarla, più che altro, per uscirne vivi.**

Se ci fate caso, però, lo stereotipo dello scrittore, o dell'artista in generale, non aiuta: questa figura romantica dev'essere per definizione tormentata, deve avere un passato o un presente tragico, deve struggersi fra l'estasi creativa e il dolore dell'esistere. Quando li incontriamo di persona, gli scrittori ci deludono quasi ogni volta; li immaginavamo belli, unici, almeno particolari, invece potrebbero sembrare proprio come noi. Normali. Di una normalità imbarazzante, diciamo.

Le favole affascinano, dunque generazioni di aspiranti creativi continuano a desiderare un tenore di vita tutto speciale e accolgono sofferenze, frustrazione o apatia con gaudio. Che scrittore saresti, dopotutto, senza star male almeno un po'? Pensa a tutti coloro che si sono tolti la vita, addirittura. Che artisti! Quale valore hanno, i loro testi! Ecco, di certo ne hanno per l'editore, che senza dirlo a nessuno forse sorride pensando alle seccature in meno che il maestro suicida ha assicurato.

Un pizzico di romanticismo non guasta, ma se volete lavorare come scrittori occorre che, arrivati a queste ultime pagine, vi sia chiaro un concetto: **produrre arte è un mestiere**. Marilyn Monroe era una splendida anima in pena, Michael Jackson ne ha passate davvero troppe e King è stato alcolista, ma questi non sono proprio gli esempi migliori da seguire. Grandi professionisti, certo, e non sarò io a negare che l'ebbrezza non possa dare un contributo alla produzione artistica, ma…

Se intendete crepare prima di aver concluso qualcosa, ce ne faremo una ragione; altrimenti, lasciate perdere e parliamone seriamente.

La stragrande maggioranza degli scrittori celebri di tutti i tempi è riuscita a vivere grazie a guadagni esterni rispetto al mondo delle lettere. C'è chi veniva da un ambiente famigliare ricco, chi è andato avanti lavorando come tutti gli altri e chi ancora oggi si affanna tra corsi di scrittura creativa da inventare (sempre un po' diversi, altrimenti qualcuno se ne accorge) e umilianti curriculum da distribuire. I lettori sono abituati a dare per scontato che l'autore visto in libreria sia facoltoso, nonostante nessuno abbia mai compreso perché, e trovarlo a fare il fattorino, il pizzaiolo o l'impiegato al Comune potrebbe sconvolgerli, ma succede.

Dal punto di vista economico, il guadagno di un esordiente che pubblica con i maggiori editori d'Italia si aggira intorno ai tremila euro lordi (cioè, ancora da tassare). Non al mese e nemmeno all'anno, ma in generale per ogni libro. Se consideriamo che sfornare titoli di successo più volte in un anno sia difficile, e che in ogni caso non esiste alcuna certezza che l'editore confermerà un'altra uscita, non sarà complicato fare due conti. Pubblicando, almeno in modo tradizionale, non si guadagna quasi niente. A ciò aggiungete eventuali costi affrontati in precedenza o subito dopo (servizi editoriali, uffici stampa, pubblicità), la percentuale che va a un'agenzia se presente (tra il dieci e il quindici percento del guadagno lordo) e il fisiologico numero di copie che il poveraccio comprerà a sue spese per zii e nipoti, colleghi, vicini di casa e giornalisti (che provvederanno subito a rivenderle).

Le eccezioni esistono, ma rappresentano una percentuale così scarna da essere difficile da quantificare. Autori come Carrisi, Gazzola o addirittura Camilleri (gli eredi, ormai) sono andati avanti con una produzione regolare e hanno centrato il cuore dei lettori, creandosi un pubblico affezionato che continua a comprare nel tempo. Per adesso, almeno.

Eviterò di fare liste di nomi perché non lo troverei elegante, ma ce ne sono alcuni per cui è difficile immaginare problemi economici. Sono pochi, comunque, e hanno faticato parecchio per arrivare lì. Porsi da subito un obiettivo del genere non vuol dire essere ambiziosi, ma deliranti; potrebbe capitarci, e magari accadesse, però bisogna partire da zero e con calma.

Detto ciò, il lavoro da scrittore vero e proprio è ricco di compromessi. Non potrà mai coincidere con quel che immagina la gente: un artista folle che, beato e pigro, esprime il suo estro quando gli pare e se gli pare, libero e felice in casa sua, in pigiama e con una birra in mano. Meglio un whisky? No, meglio immaginare una persona nervosa che si ingegna per gestire una marea di scadenze, costretta a mediare tra esigenze editoriali e genuinità della sua arte, per cui potrebbe sentirsi chiedere di tagliare due pagine soltanto per evitare una vedova (nel senso che l'editor di collana, vedendo una riga isolata a inizio pagina, ucciderà il redattore; sua moglie diverrà così una vedova. Discorso simile vale per le orfane, difatti).

Il vero scrittore ha difficoltà a pagare l'affitto e non compra vestiti nuovi da decenni (da qui, il suo stile essenziale), non legge mai libri dei colleghi perché ha il terrore di restituire pareri e crearsi così dei nemici, partecipa alle fiere in preda al panico perché incontrerà di sicuro qualcuno di sgradito ma deve andarci lo stesso per contratto e viene perseguitato da amici e parenti che domandano: ma dove lo trovo il tuo libro? Ma ci guadagni? E di lavoro vero che fai?

Sto esagerando, è chiaro (più o meno). Non crediate, però, che la realtà sia molto diversa.

Un altro fenomeno ricorrente è la delusione del periodo post-uscita del libro, diffusa in particolare fra gli esordienti assoluti.

Loro si aspettavano, diciamolo pure, almeno un paio di complimenti; qualche recensione, anche critica ma argomentata; domande che scavino nel profondo della creatività e che conducano a discussioni edificanti, da veri letterati; interviste in Rai, eventi, applausi... Ok, magari non proprio così tanto, ma sognare non guasta, giusto? Qualsiasi esordio genera queste allucinazioni, ma qualsiasi periodo post-uscita provvede a cancellarle in fretta.

L'autore si sentirà chiedere fino alla nausea se il protagonista non sia proprio lui, e se un personaggio secondario (del quale, anche se non lo ammetterà, aveva rimosso ogni ricordo) non sia proprio la prozia Beppa; tenterà di organizzare presentazioni scoprendo che i librai non sono molto interessati e che, se proprio ne troverà uno disponibile, verranno mamma e papà ad applaudire con una convinzione esagerata e quasi nessun altro; noterà che il libro rimarrà in libreria, ammesso che mai ci arrivi, per circa un quattordicesimo di secondo per poi svanire nell'oblio. Devo continuare?

Mi sono permessa un po' di ironia, spero non me ne vogliate. Se mi avete seguito fin qui, meritate anche qualche esempio positivo.

Gli autori più soddisfatti che io conosca sono persone realiste, non disilluse ma concrete e decise. Sanno quale sia il loro obiettivo e vanno avanti nel perseguirlo, un passo alla volta, senza aspettarsi ricchezza o fama. Ne esistono, giuro: ho incontrato creativi in gamba e realizzati, nonostante i contratti con piccoli editori o numeri di vendita non proprio stellari. Sono rimasta al fianco di scrittori che stimo tantissimo quando alla loro presentazione non c'era davvero nessuno ed eravamo in due. Ho visto le loro lacrime, ma anche la determinazione con cui hanno parlato lo stesso per registrare un video da condividere con chi avesse voluto ascoltare. Ho urlato al telefono quando miei autori hanno ricevuto una proposta eccellente, dopo anni di tentativi a vuoto e rifiuti netti.

Il successo somiglia più a questo, che allo scrittore placido immaginario. Se vi interessa arrivarci, senza illusioni ma nemmeno lamentele banali, accomodatevi. La strada è quella; prima di andare, assicuratevi di avere dei fazzoletti.

10.4 – GIUNTI FIN QUI

Una delle mie poesie preferite è *E così vorresti fare lo scrittore* di Bukowski. Se non la conoscete, rimediate subito. Credo riassuma alla perfezione quel che sappiamo, noi malati di scrittura. C'è altro da aggiungere?

In barba ai manuali, i saggi, i corsi organizzati da scrittori poveri… tutto è lì dentro, ve l'assicuro. Forse non dovrei dirlo, considerando che ho appena finito di scrivere un saggio sull'argomento, ma spero di avervi condotto proprio qua: a quelle parole, perché sono ciò che vi serve davvero per intraprendere quest'avventura. **L'atto creativo, come qualsiasi altro aspetto della realtà, è complicato e presenta mille sfaccettature**. Come gestirlo, quale scopo dargli, cosa aspettarsi, dipende da voi. Vi servirà conoscere l'editoria ed evitare le ingenuità che provocano danni, dovrete esercitarvi e imparare a ridurre gli avverbi, però il succo, quello vero, rimane lo stesso.

La bellezza dell'arte, di tutta l'arte, sta in quanto essa sia libera. Se vi fermerete un momento, giunti fin qui, a pensarci sopra, capirete come mai siamo in tanti a rincorrere la creatività. Siete liberi: questo sarà il vostro motivo per creare.

Non c'è altro modo.

Non ce n'è mai stato un altro.

LA DOVEROSA NOTA FINALE

(Altrimenti conosciuta come "La parte che nessuno legge")

Questo saggio vuole essere un discorso rivolto a chi scrive o a chi vorrebbe farlo. Non ha pretese di esaustività: gli argomenti di cui ho parlato potrebbero meritare saggi monografici, ma ho provato a esplorarli in modo da informare e far riflettere.

Cercando io stessa tra i manuali già esistenti, ho trovato tesori ma anche delusioni: mi è sembrato che si guardi alla massa informe degli aspiranti autori con un pizzico di superiorità, dando per scontato che certi argomenti, come l'autopubblicazione, non meritino un approfondimento rispettoso. Mentre scrivevo mi sono persino sentita dire che questi aspiranti non hanno un vero interesse per la ricerca e la comprensione, ma che vogliono solo pubblicare, senza neanche sapere cosa significhi. Sarei ipocrita se dicessi che non è per niente così, però, come direbbe Lennon, sono una sognatrice: rimango convinta che a qualcuno interessi eccome e che il mio parlarne possa essere utile.

Il lavoro da editor freelance mi ha portata a capire dettagli di un mondo vasto, profondo e misterioso, che ogni singolo giorno continuo a scoprire. Ho fatto del mio meglio per condividerlo con voi. Fatene buon uso.

Scrivete, create e divertitevi. In fondo, si tratta di questo.

Abbiategrasso, 2018 - 2021

(…) e mi piacerebbe che da essa, da quella riga misteriosa e innocua, prendesse l'avvio una Retorica della Pubblicazione, o una Teoria del non-scrivere, o Princìpi finali della letteratura inesistente.
Giorgio Manganelli

POSTILLE:

Nel testo, ho scelto di scrivere "se stesso" senza l'accento. L'ho fatto nonostante io conosca bene le indicazioni di Serianni, anche se la questione è complessa ed è ormai accettato sia con e sia senza. In particolare, mi serviva non alterare una citazione di Manganelli; ho poi deciso di mantenermi coerente. Lo specifico per sollevare dalla responsabilità d'errore il mio correttore di bozze: è una mia scelta. Insomma, *è il mio stile*.

Chi mi segue sui social potrebbe essersi domandato come mai cito Nami e non Gunkan, all'inizio del testo (ho citato anche lui, dopo). Be', quando ho scritto quel capitolo Gunkan non era ancora nato! Nami vive ora insieme a mia madre, in Sicilia. Anche lei mi è molto cara, dunque è carino che abbia uno spazio su queste pagine.

E infine, gli immancabili ringraziamenti.

Ai beta che hanno letto e commentato: **Silvia Pillin**, una delle mie autrici preferite, che si è offerta con pazienza di leggere e mi fornisce sempre spunti fondamentali; **Esther Pellegrini**, compagna di scrittura da anni, persona da ammirare (ce ne sono poche, in giro!) e lettrice in grado di scorgere anche l'assonanza più nascosta (qui ne troverebbe una, probabilmente); **Donatella Ceglia**, autrice che ha in sé quel "qualcosa" e che ce la farà, perché io ne capisco e le si legge in faccia; **Giulia Peruzzi**, l'autrice più capace di gestire i suoi profili che io abbia mai conosciuto e che, ne sono certa, farà strada.

I miei beta sono sempre persone eccezionali e non so dirvi quanto io ne sia onorata. Grazie, ragazzi; il buono che c'è qui dentro è anche merito vostro.

Sempre, un ringraziamento a chi mi sostiene nella mia esistenza problematica da vera scrittrice maledetta: **Federico Arcieri**, compagno di vita. E anche **Gunkan**, perché no. Le mie giornate di scrittura non sarebbero le stesse, senza le sue zampine sulla tastiera.

E poi a te, **Lettore Curioso e Fedele o Lettrice Curiosa e Fedele**. Forse stavolta sarò riuscita a non farti piangere. Non troppo, almeno, suvvia.

Ricorda che la creatività si nutre di condivisione e passaparola: **se questo libro ti è piaciuto e lo ritieni meritevole, recensirlo è un atto d'amore per cui ti sarò grata**. Parlane e fanne parlare, sostieni la produzione indipendente di chi vuole darti valore.

Grazie. **Se vorrai, ci incontreremo ancora**.

BIBLIOGRAFIA E LETTURE CONSIGLIATE

LINGUAGGIO E STORIA

Alle origini del linguaggio umano – Il punto di vista evoluzionistico, Francesco Ferretti, 2010 Bari, Editori Laterza

Breve storia della lingua italiana, Claudio Marazzini, 2004 Bologna, Il Mulino

Il filo d'oro – Storia della scrittura, Ewan Clayton, 2014 Torino, Bollati Boringhieri

Le forme del libro – Dalla tavoletta cerata all'e-book, Marco Cursi, 2016 Bologna, Il Mulino

Parola e oggetto, Willard Van Orman Quine, 2008 Milano, Il Saggiatore

Storia della lingua italiana, Bruno Migliorini, 2016 Milano, Bompiani

Anatomia di una storia, John Truby, 2009 Roma, Dino Audino editore

Aspetti del romanzo, Edward Morgan Forster, 2016 Milano, Garzanti

Breve storia della scrittura e del libro, Fabio M. Bertolo, Paolo Cherubini, Giorgio Inglese, Luisa Miglio, 2004 Roma, Carocci

Come scrivere un romanzo giallo o di un altro colore, Hans Tuzzi, 2017 Torino, Bollati Boringhieri

Dentro la sera, Conversazioni sullo scrivere, Giuseppe Pontiggia, 2016 Milano, Belleville Editore

Diventare scrittori, Dorothea Brande, 2008 Segrate, Sperling & Kupfer

Gialli senza errori, Livio Galla, 2018 Milano, Editrice Bibliografica

Il libro delle idee per la scrittura, Jack Heffron, 2009 Roma, Dino Audino editore

Il mestiere dello scrittore, Murakami, 2017 Torino, Einaudi Super ET

Il rumore sottile della prosa, Giorgio Manganelli, 1994 Milano, Adelphi

Il testo narrativo, A. Bernardelli, R. Ceserani, 2005 Bologna, Il Mulino

La narrazione, Andrea Bernardelli, 1999 Bari, Editori Laterza

L'arco di trasformazione del personaggio, Dara Marks, 2007 Roma, Dino Audino editore

La scrittura è difficile – Perché scrivere è un'arte, Marco Freccero, 2019, autoprodotto

Le parole necessarie, Giuseppe Pontiggia, 2018 Bologna, Marietti

L'istinto di narrare – Come le storie ci hanno reso umani, Jonathan Gottschall, 2014 Torino, Bollati Boringhieri

Narrativa, istruzioni per l'uso, Henry James e Edith Wharton, 2017 Roma, Dino Audino editore

Master di scrittura creativa, Jessica Page Morrell, 2006 Roma, Dino Audino editore

Ogni volta che si racconta una storia, Marco Baltani, 2017 Bari, Editori Laterza

Per me non esiste altro, Bernard Malamud, 2015 Roma, Minimum Fax

Per scrivere bene imparate a nuotare, Giuseppe Pontiggia, 2020 Milano, Mondadori

Pronto soccorso per scrittori esordienti, Jack London, 2016 Roma, Minimum Fax

Revision & Self-Editing, James Scott Bell, 2008 Cincinnati Ohio, Writer's digest books

Save the cat! writes a novel, Jessica Brody, 2018 New York, Ten Speed Press

Scrivere è un tic, Francesco Piccolo, 2011 Roma, Minimum fax

Scrivere narrativa, Edith Wharton, 1996 Parma, Pratiche editrice

Scrivere Rosa, Edy Tassi, 2017 Milano, Editrice Bibliografica

Sul racconto, Maurizio Vicedomini, 2019 Bari, Les Flaneurs

The writer's process: getting your brain in gear, Anne Janzer, 2016 USA, Cuesta Park Consulting

Viaggio nel bosco narrativo, John Yorke, 2017 Roma, Dino Audino editore

Vivere per scrivere – 40 romanzieri si raccontano, Enrico Franceschini, 2018 Bari, Editori Laterza

EDITORIA

A proprie spese, Lucio Gambetti, 2015 Milano, Edizioni Unicopli

A reader's manifesto, Brian Reynolds Myers, 2002 Hoboken New York City, Melville House Publishing

Che cos'è il graphic novel, S. Calabrese ed E. Zagaglia, 2017 Roma, Carocci

Come finisce il libro. Contro la falsa democrazia dell'editoria digitale, Alessandro Gazoia, 2014 Roma, Minimum Fax

Destinazione self-publishing, Michele Amitrani, 2015, autoprodotto

Editoria: istruzioni per l'uso, Diego Guida, 2013 Milano, Editrice Bibliografica

Editors on editing, Gerald Gross, 1993 New York, Grove Press

Esordienti da spennare – Come pubblicare il primo libro e difendersi dagli editori a pagamento, Silvia Ognibene, 2007 Milano, Terre di Mezzo

Fare i libri – Dieci anni di grafica in casa editrice, R. Falcinelli (a cura di), 2011 Roma, Minimum Fax

Getting Published, Harry Bingham, 2020, Jericho Writers, autoprodotto

Il mestiere dell'editore, Valentino Bompiani, 1988 Milano, Longanesi

I mestieri del libro, O. Ponte di Pino, 2008 Milano, TEA

L'alba dei libri, Alessandro Marzo Magno, 2012 Milano, Garzanti

La ricezione, Alberto Cadioli, 2015 Bari, Editori Laterza

L'autore in cerca di editore, Maria Grazia Cocchetti, 2018 Milano, Editrice Bibliografica

Letterati editori – Attività editoriale e modelli letterari del Novecento, Alberto Cadioli, 2017 Milano, Il Saggiatore

L'impronta dell'editore, Roberto Calasso, 2013 Milano, Adelphi

Self Publishing – Istruzioni per l'uso, Davide Moroni, 2015 Milano, Editrice Bibliografica

Self-publishing Lab – Il mestiere dell'autoeditore, Rita Carla Francesca Monticelli, 2020, autoprodotto

Siamo spiacenti – Controstoria dell'editoria italiana attraverso i rifiuti, Gian Carlo Ferretti, 2012 Milano, Mondadori

Sono uno scrittore ma nessuno mi crede, Silvia Pillin, 2013 Torino, Zandegù

Storia dell'editoria letteraria in Italia – 1945-2003, Gian Carlo Ferretti, 2004 Torino, Piccola Biblioteca Einaudi

Storia dell'editoria nell'Italia contemporanea, Gabriele Turi, 1997 Firenze, Giunti

Roba da self-publishing, Silvia Pillin, 2016 Torino, Zandegù

The business of being a writer, Jane Friedman, 2018 Chicago, The University of Chicago Press

Tuffarsi nell'altrui personalità, Giulia Tettamanti, 2016 Milano, Edizioni Unicopli

The successful author mindset, Joanna Penn, 2016 UK, CurlUpPress

What editors do, Peter Ginna, 2017 Chicago, University of Chicago Press

ARTE, LETTERATURA E CRITICA LETTERARIA

Che cos'è la letteratura?, Jean-Paul Sartre, 2009 Milano, Il Saggiatore

Che cos'è un testo letterario, Loredana Chines e Carlo Varotti, 2015 Roma, Carocci

Critica e critici, Cesare Segre, 2012 Torino, Piccola Biblioteca Einaudi

Guida alla letteratura fantastica, Claudio Asciuti, 2015 Bologna, Odoya

Il grado zero della scrittura, Roland Barthes, 1982 Torino, Piccola Biblioteca Einaudi

Il sentimento della letteratura, Raffaele La Capria, 1997 Milano, Mondadori

Il sistema dell'arte contemporanea, Francesco Poli, 2011 Bari, Editori Laterza

La critica letteraria contemporanea, Alberto Casadei, 2015 Bologna, Il Mulino

La letteratura è la mia vendetta, C. Magris e M. Vargas Llosa, 2012 Milano, Mondadori

L'opera d'arte nell'epoca della sua riproducibilità tecnica, Walter Benjamin, 2000 Torino, Einaudi

Lo potevo fare anch'io, Francesco Bonami, 2007 Milano, Mondadori

On Moral Fiction, John Gardner, New York, Open Road Integrated Media

Perché le storie ci aiutano a vivere, Michele Cometa, 2017 Milano, Raffaello Cortina editore

Sulla soglia, Ida Basile, 2019 Novi Ligure, Epoké

The Literature book, 2016 DK

PODCAST ITALIANI SU SCRITTURA E CREATIVITÀ
Reperibili gratuitamente su Spotify o Spreaker.

"Abisso editoriale" di Maria Di Biase e Alessandra Zengo
"Bunker Plutonia" di Alessandro Girola

"Capitolo Uno Night Club Letterario" di Davide Ricchiuti
"Copertina" di storielibere.fm
"Dentro la sera – Conversazioni sullo scrivere" di Giuseppe Pontiggia (su *Raiplayradio.it*)
"Elementary" di Alessandra Zengo
"Esordienti", storielibere.fm, di Matteo B. Bianchi
"Ikigai" di Sara Gavioli
"Nelle storie" di Sara Gavioli
"RadioScrivo" di Eugene Pitch
"Universi paralleli" di La V-Radio Valdostana

PODCAST IN LINGUA INGLESE SU SCRITTURA E CREATIVITÀ
Reperibili gratuitamente su Spotify o Spreaker.

"Become a Writer Today" di Bryan Collins
"Creative Pep Talk" di Andy J. Pizza
"Self-Publishing with Dale" di Dale L. Roberts
"Six Figures Authors" di Lindsay Buroker
"Story Grid Podcast" di Shawn Coyne e Tim Grahl
"The Accidental Creative" di Todd Henry
"The Creative Penn Podcast For Writers" di Joanna Penn
"The Indy Author Podcast" di Matty Dalrymple
"The Rebel Author" di The Rebel Author Podcast
"The Worried Writer" di Sarah Painter
"Your Creative Push" di Youngman Brown
"Write Now with Sarah Werner" di Sarah Werner

TED TALK CONSIGLIATI (IN LINGUA INGLESE)

Reperibili gratuitamente sui canali YouTube TED, TEDX Talks e TED-Ed.

Andrew Stanton, "The clues to a great story"
Elizabeth Gilbert, "Your elusive creative genius"
Julian Friedmann, "The mystery of storytelling"
David Kelley, "How to build your creative confidence"
Julie Burstein, "4 lessons in Creativity"

Della stessa autrice

Intorno c'è Milano, al centro lei. Sospesa tra il passato, distante ma ancora significativo, e il futuro che sembra non decidersi ad arrivare, osserva quella città piena di occasioni, così diversa dalla Sicilia che continua a richiamarla indietro. E mentre, come tutti, muove i primi passi in cerca di uno spazio nel mondo, le scorre attorno l'umanità che sussurra piccole storie quotidiane.

C'è la voce dell'uomo gentile dietro il muro, c'è il vecchietto incontrato in ascensore o la donna che beve birra alla fermata del tram. C'è la madre, rimasta su una poltrona nella vecchia casa, e poi un ragazzo, l'unico con cui si può parlare davvero. Ci sono progetti e speranze, e c'è soprattutto la domanda fatta da quel padre che non c'è più: cosa sei, cosa sarai?

Della stessa autrice

La prima parola di Alessia è stata una delusione: eravamo in attesa come se stesse per rivelarci il suo superpotere. Ogni giorno le ripetevo parole facili da pronunciare: mamma, papà, pappa. Più che altro, le ripetevo mamma. A un certo punto ha inarcato la schiena, ha messo il broncio, e mi ha sputato in faccia: no. Paolo non smetteva di ridere.

Era così, mia figlia.

Ha continuato a dirmi no per sedici anni, poi è scomparsa.

Amelia ha sbagliato tutto.

Si è trasferita al Nord per scappare dalle sue origini, ma non è andata molto bene. Ha sposato Paolo, uno psicologo di belle speranze, per mettere radici a Milano, ma quel matrimonio è andato in pezzi. L'unica figlia, Alessia, che rappresentava l'ultima possibilità di realizzarsi, non ha mai avuto davvero bisogno di lei, e addirittura è sparita, come dissolta nel nulla.

La vita che Amelia cercava di crearsi è ormai irraggiungibile, quindi tanto vale sdraiarsi sul pavimento e non fare più niente. O forse no?

Quando viene a conoscenza di nuove informazioni sulla scomparsa, Amelia deve scegliere. Sarà meglio continuare a vivere quei fallimenti, che vede come imposti dal mondo esterno, oppure c'è qualcosa di possibile, in fondo?

WWW.GAVIOLISARA.IT

INDICE

IKIGAI

Printed in Poland
by Amazon Fulfillment
Poland Sp. z o.o., Wrocław
16 August 2021

2e54aa93-a71b-45e9-a5dd-6b21739f06afR01